Malte Hozzel
Flug zum Selbst

Warum dieses Buch entstand

Dieses Buch dokumentiert das historische Auftreten levitierender Menschen in verschiedenen Zeiten und Kulturen bis in die Gegenwart. Den Anstoß dafür gab die Bundesregierung, als sie 1995 in einem Prozess neben anderem haarsträubendem Unsinn schrieb, die Bewegung der Transzendentalen Mediation behaupte, mit sogenannten „Flugmatten" wie auf einem fliegenden Teppich aus 1001 Nacht durch die Gegend fliegen zu können.

Die TM-Bewegung verklagte die Bundesregierung wegen ihrer rufschädigenden Behauptungen über Transzendentale Meditation auf Unterlassung und Widerruf. In dem Prozess stellte das Oberverwaltungsgericht Münster in einer Aufklärungsverfügung die Frage: *„Was hat es physisch und psychisch mit dem sogenannten Yogischen Fliegen auf sich?"*

Als Antwort verfassten hochrangige Vertreter der Transzendentalen Meditation, darunter federführend der Autor Malte Hozzel, eine lange Stellungnahme, mit der diese Frage des Gerichts so erschöpfend beantwortet wurde, dass das Thema in dem ganzen Prozess nie mehr zur Sprache kam. Diese Stellungnahme verdeutlichte unter anderem, dass es das Phänomen der Levitation in allen Kulturkreisen gegeben hat, was zum Beispiel in den Prozessen zur Heiligsprechung ausführlich dokumentiert ist, und dass das „Yogische Fliegen" der TM-Bewegung genau nach den Anweisungen und Vorhersagen der klassischen Yogaschriften abläuft.

Dr. Malte Hozzel promovierte 1979 an der Universität Heidelberg in vergleichender Literatur- und Sprachwissenschaft. Seit 1992 hielt er auf unzähligen Kongressen in mehr als 20 Ländern Kurse und Vorträge über Aromatherapie, Yoga und Meditation.

Malte Hozzel

FLUG ZUM SELBST

Levitation, TM-Sidhis und Gesellschaft im Wandel

Eine Dokumentation aus Geschichte und Gegenwart

Alfa-Veda

Die wissenschaftlichen Studien zur Wirkung der
Transzendentalen Meditation im Anhang erschienen in
„Als Maharishi kam" von Helena Olson,
Alfa-Veda Verlag, Oebisfelde, 2018

Umschlagentwurf mit dem Gemälde von Ludovico Mazzanti
„S. Giuseppe da Copertino si eleva in volo alla vista della Basilica di Loreto,
XVII sec., Santuario di S. Giuseppe da Copertino, Osimo": Jan Müller

Neuauflage Alfa-Veda Verlag, Oebisfelde, 2023
ISBN 978-3-98837-017-4

Inhalt

Vorwort

Die folgenden Seiten möchten Zeugnis ablegen von einer alle Lebensbereiche erfassenden Umwälzung unseres Weltbildes, in deren Zentrum die Entfaltung der wahren Würde unseres Menschseins steht.

Dass hierbei dem „Fliegen" bzw. der Levitation die größte Aufmerksamkeit geschenkt wurde, lag in der besonderen Natur der Ereignisse der letzten Jahre begründet. Unerfahrene Menschen hatten gemeint, dass, wer an das „Fliegen" glaubt, nicht mit beiden Beinen in der Wirklichkeit stehen kann. Sie hatten vergessen, dass die größten Träume der Menschheit Flügel haben und eine zähe Natur besitzen, ja, dass sie im besten Fall sogar unsterblich sind. Die Teilnahme an diesen Träumen zu verweigern, heißt für mich heute, die wahre Bedeutung des Lebens zu verweigern. Dieses Buch soll aber vor allem zeigen, dass der „Menschheitstraum Fliegen" für einige bereits echte Wirklichkeit geworden ist und der Erfahrung und Erfüllung des menschlichen Lebens innewohnt.

Ein weiteres Thema dieses Buches ist die Berührung des ältesten Kulturerbes der Völker, das ein Erbe der Erleuchtung zur Freiheit ist, mit der modernen Naturwissenschaft. Diese Begegnung ist ein in seiner Bedeutung noch gar nicht absehbarer Segen für die gesamte Völkerfamilie. Als Exponent dieses erst beginnenden „Dialogs zwischen den Hemisphären" steht der indische spirituelle Meister Maharishi Mahesh Yogi, Schüler des großen Swami Brahmananda Saraswati, Jagadguru Shankaracharya von Jyotir Math, der in Indien allerhöchste Verehrung genießt.

In der langen Kette von Meistern der alten Vedischen Tradition stehend, gebührt Maharishi Mahesh Yogi das Verdienst, dass er den Veda, die älteste und vollständigste Wissenschaft der Menschheit, die

„Wissen von den letzten Zusammenhängen" ist, als systematische Erkenntnis und Bewusstseinserfahrung in Form der „Technologie des Vereinheitlichten Feldes" mit ihrem Programm der Transzendentalen Meditation und der TM-Sidhis allen Völkern, unabhängig von ihrem ethnischen, kulturellen und religiösen Erbe, vermittelt und das daraus resultierende Wissen um die Entwicklung höherer Bewusstseinszustände mit unserem naturwissenschaftlichen Weltbild verknüpft hat. Die Forschung, die hierdurch angeregt wurde, ist die mit Abstand zuverlässigste und tiefgreifendste, die es je im Rahmen der Bewusstseinsforschung gegeben hat.

Ost und West sind in einem weltverändernden Austausch ihrer jahrtausendealten Erkenntnisse begriffen. Diese Erkenntnisse sind die Früchte zahlloser Generationen höchster und begnadeter Geister unserer Welt-Kulturgeschichte. Jeder Samen dieser Frucht wird einen ganzen Acker neuer überraschender Möglichkeiten für die Menschheit eröffnen. Wir sollten mit Dankbarkeit und Ehrfurcht Zeugen und Teilnehmer an diesem ungeheuren und befreienden Kulturaustausch zwischen zwei Jahrtausenden sein. Die Großen unserer abendländischen ebenso wie der anderen herausragenden Kulturen der Erde haben diesen geistigen Austausch seit eh und je als förderlich und notwendig für den Fortschritt der Menschheit erkannt.

Der berühmte Asienkenner Evan-Wentz ebenso wie C. G. Jung, Aldous Huxley und Physiker wie Heisenberg, Schroedinger, Bohr und viele andere sind für einen geistigen Brückenschlag zwischen Ost und West eingetreten. Viele sahen sich dabei in ihren Erkenntnissen durch die vedischen Schriften Indiens bestätigt. Die Naturwissenschaftler unter ihnen entdeckten, dass die Gesetzmäßigkeiten, wie sie der Veda beschreibt, mit den von der modernen Naturwissenschaft erkannten Gesetzmäßigkeiten bis ins Detail übereinstimmen.

Heute stehen Ost und West nicht nur mehr denn je im Austausch als zu den Zeiten der griechischen Philosophen, sie erkennen auch ihre eingeborene und unzertrennliche Einheit. Nur

Unwissenheit verliert sich in ethnischen und religiösen Unterschieden und spielt sich als ihr Verteidiger auf. Für die klar Sehenden ist die Menschheit eine Familie, die die geographischen Grenzen, nationalen Schranken und jeden aus unerleuchtetem Geist geborenen einengenden Begriff für immer hinter sich lässt.

Dass die Entfaltung des latenten Potenzials im Menschen in derart direkter Form in den Dienst der Gemeinschaft gestellt wird, macht den einzigartigen Charakter der Maharishi-Technologie des Vereinheitlichten Feldes aus. Doch dass jeder Einzelne durch seinen persönlichen Fortschritt an der Verwirklichung einer idealen Gesellschaft in spontaner Weise tätig sein kann, ist bisher nicht Teil der praktischen Erfahrung des täglichen Lebens von Millionen von Menschen.

Die „Operation Bewusstsein" ist vielleicht zum ersten Mal in der Geschichte der Erde zu einem Anliegen der vielen geworden, die verstanden haben, dass, wer dem eigenen Chaos Einhalt gebietet, auch das Chaos der Welt in Licht verwandelt. Die Tragödie des Menschen ist – trotz oft düsterster Vorzeichen – im Begriff, sich in einen Triumph ohnegleichen zu verwandeln. Die Schatten lichten sich. Die Erde ist am Erwachen.

Dr. Malte Hozzel

Höheres Bewusstsein für jeden Menschen

Immer hat der Mensch danach gestrebt, Vollkommenheit für sich, seine Familie, seine Umwelt, sein Volk zu verwirklichen. Der Traum von einem besseren Menschen ist so alt wie der Mensch selbst. Ebenso alt ist der Wunsch, durch Vervollkommnung unserer geistig-seelischen Kräfte zu höheren Formen der Erkenntnis und des Glücks aufzusteigen und in dieser stufenweisen Annäherung an das erahnte Ideal, unsere Mitmenschen an diesem Glück teilhaben zu lassen.

Die Maharishi-Technologie des Vereinheitlichten Feldes strebt danach, eine ideale Gesellschaft zu schaffen, indem sie auf dem uralten Menschheitstraum basiert, eine Persönlichkeit zu entwickeln, die frei von Schwächen ist und im Einklang mit dem Naturgesetz lebt und handelt. Dieser hohe Anspruch ist für viele unserer Zeitgenossen ein Ärgernis, weil es bequemer ist, mit dem Strom zu schwimmen, und wir lieber unsere reinen Kindheitsträume unter der kalten Kruste der Wirklichkeit begraben, anstatt uns wieder auf den Weg zu machen in jenes Land, in dem noch alles möglich ist und Vollkommenheit noch das bedeutet, was das Wort sagt, nämlich „zum Vollen zu kommen", zur wahren und bleibenden inneren und äußeren Erfülltheit. Dennoch stellen wir fest: Der globale Bewusstseinswandel ist in vollem Gange; die Transformation unserer Erde findet bereits statt, und mitmachen oder nicht ist kaum noch die Frage. Nicht nur, dass bereits die Grundrechte und Verfassungen der Völker dem Ideal eines vollkommenen Menschen huldigen, dass Religionen und Philosophie Bilder der Perfektion unseres Menschseins entworfen haben, denen wir, bewusst oder unbewusst, seit jeher nachgestrebt haben – vielmehr als dies: Es ist ein kollektiver Aufbruch zu Neuem im Gange, der die Kette des unnötigen Leids und Elends, von denen die Menschheit immer noch hin- und hergerissen wird, sprengen möchte. Und dieser zu neuen Ufern aufbrechende Mensch gibt sich mit Hoffnungen allein nicht mehr zufrieden. Denn er hat gemerkt, dass er etwas Konkretes für sich und diese Erde tun muss, sonst ist alles sinnlos, sonst geht der verzweifelte Trott zur Katastrophe weiter, und das Überleben wird mit jedem Tag fragwürdiger.

Maharishi Mahesh Yogi hat allen Völkern mit dem TM- und TM-Sidhi-Programm ein Werkzeug in die Hände gelegt, durch das jeder Einzelne direkt und konkret entscheidende Veränderungen zum Positiven für sich selbst und seine Mitmenschen erzielen kann. Wenn wir es wirklich wünschen, dass unser Planet aus seinem langen dunklen Traum erwacht, der uns seit Tausenden von Jahren mehr Kriegs- als Friedensjahre beschert hat, dann gilt: Zunächst muss der Einzelne zu sich selbst erwachen. Darum Meditation, darum die Rückbesinnung auf die innere Stille, darum Ent-Spannung und Ent-Stressung in einer spannungs- und stressreichen Zeit.

Mit dem TM-Sidhi-Programm wird diese Stille lebendig, dynamisch, aktiv. Und was hinzukommt: Sie strahlt aufs Feinste aus auf unsere Umwelt. Mit dem Gruppenprogramm der TM-Sidhis potenziert sich dieser Einfluss mit der Anzahl der Teilnehmer. Kollektive Störfelder werden neutralisiert, Krankheiten, Unfälle, Kriminalität werden rückläufig, Positivität nimmt in allen Lebensbereichen zu.

Aber wo liegt der Beweis für diese Behauptung? Einerseits in den zahlreichen Studien der Maharishi European Research University (MERU) und anderer Forschungsinstitute zum Maharishi-Effekt. Doch auch mit diesen Untersuchungen gilt: Wer das Unerhörte hinter dem TM-Sidhi-Programm fühlt, muss die Herausforderung ertragen, die jeder Zusammenstoß zwischen alten und neuen Denk- und Erkenntnisprinzipien mit sich bringt. Die Entscheidung pro oder kontra wird dabei nicht vom Intellekt gefällt, sondern vom Leben selbst diktiert. Das Unerhörte muss erst selbst in unser Leben eingreifen, damit wir ihm wieder sein volles Recht „in unseren eigenen vier Wänden" zugestehen.

Maharishi Mahesh Yogi führt seit nunmehr 20 Jahren einen beständigen Dialog mit der Naturwissenschaft, weil er weiß, dass unsere Zeit nach einer Synthese von östlicher Lebensweisheit und westlichem Vernunft-Wissen drängt. In dieser Synthese ist die moderne Wissenschaft dabei, die Grenzen zwischen Objekt und Subjekt ins Fließen zu bringen und Wahrheiten zu verkünden, die zuvor nur der Metaphysik und Mystik vorbehalten waren. Wenn die Wissenschaft dann an die Pforten der Mystik klopft, dann liegt es vielleicht nahe, dass die Mystik als Wissen vom „inneren Zusammenhang" zur Wissenschaft wird.

Die zunehmende Erforschung des inneren Menschen scheint jedenfalls darauf hinzudeuten. Bewusstsein wird quantifizierbar, Erfahrungen höherer Bewusstseinszustände, zu denen die TM-Sidhi-Techniken führen, werden messbar, Phänomene wie Levitation, Hellsichtigkeit und andere verlieren die Aura des Unerklärlichen und Phantastischen, weil mit jedem Tag mehr Menschen zu ihrem vollen Potenzial erwachen.

Die Untersuchungen zum TM- und TM-Sidhi-Programm, wie sie von zahlreichen Universitäten und Forschungsinstituten auf der ganzen Welt betrieben werden, müssen als grundlegender Vorstoß in Richtung auf eine Wissenschaft des Bewusstseins und damit auf eine kollektive Nutzung unseres menschlichen Potenzials angesehen werden.

Es lohnt sich, die Wissenschaft heranzuziehen, wenn man die Zeichen der Zeit deuten und verstehen möchte. Die Menschheit hungert nach neuem Wissen, aber wir werden dieses Wissen kollektiv nur annehmen können, wenn es der Vernunft standhält. Darum die Forschung zur TM – nicht aus Wissenschaftshörigkeit, sondern aus dem natürlichen Bestreben heraus, dem Mitmenschen zu zeigen: All dies ist messbar, voraussagbar und gehört nicht ins Nebelland des Phantastischen, sondern ist Dein ureigenes phylogenetisches Erbe als Mensch dieser Erde. Und wer die richtigen Ausgangsbedingungen schafft, wird in der Lage sein, dieses Erbe in seinem ganzen Versprechen anzutreten.

Warum sollte es nicht normal sein, Sidhis oder höhere Bewusstseinskräfte zu erwerben, um unser Leben leichter, unsere Träume erfüllbarer machen? Das allgemeine Chaos der Zeit verlangt nach neuen Mitteln und Wegen, die die intuitiven und sensitiven Kräfte im Menschen stärken und die ihn – aus seinem eigenen Inneren heraus – zu einem Leben im Einklang mit den Harmoniegesetzen des Kosmos anleiten. Niemand erwirbt „höhere Fähigkeiten" um seiner selbst willen. Jeder, der sich in Richtung seines vollen Bewusstseinspotenzials bewegt, tut dies automatisch auch insbesondere für seine Umwelt, weil alles miteinander in unendlicher Wechselwirkung steht. Das „Teilchen" ist gleichzeitig das Ganze, Bewusstsein ist keine Insel, sondern ein Feld, das mit allen anderen Feldern bis ins Feinste verwoben und vernetzt ist.

Diesen Zusammenhang hat die uralte Weisheit der Völker seit grauen Vorzeiten erkannt und in ihren Schriften ausgedrückt. Weiterbildung des Bewusstseins und Ausbildung des kosmischen Menschen war das Anliegen aller großen Erziehungs- und Erleuchtungssysteme quer durch die Menschheitsgeschichte. Die Mythen und Sagen unserer Kulturheroen, die jahrtausendealten Berichte außergewöhnlicher Menschen, deren Erinnerung alle Völker bewahren, die Zeugnisse über Heilige und Yogis, die die „Super-Natur" der Natur in ihren Dienst stellten – all dies ist Wissen und Anreiz genug, um uns zu einer Entwicklung unserer brachliegenden Bewusstseinskräfte anzuspornen.

Wenn die Menschheit in den äußeren Raum expandieren möchte, wird sie gleichzeitig Experten des „inneren Raums" benötigen, die, ausgerüstet mit feineren Sinneswahrnehmungen und einem stressresistenteren System, dem Fortschritt „voranleuchten" helfen. Der Vorreiter und Pionier sieht das neue Land; soll er es denn für sich behalten? Ich für meinen Teil ziehe vor, meinem Mitmenschen über meine Erfahrungen in diesem Neuland unseres Bewusstseins Auskunft zu geben. Und wer meint, dass höhere Fähigkeiten des Menschen und die Gewissheit, unser Nervensystem für die Ausbildung dieser Fähigkeiten (Sidhis) umformen zu können, eine

Wahnidee ist, der hat einfach nicht verstanden, was die Stunde geschlagen hat. Es existieren vielleicht schon mehr Menschen als wir denken mit „höheren" Fähigkeiten neben uns und leben uns Bewusstseinsformen vor, von denen die meisten von uns nicht einmal zu träumen wagen.

Ich bin der Meinung, dass es gefährlich ist, höhere Fähigkeiten nicht in das eigene Weltbild zu integrieren. Und ich bin überzeugt davon, dass es Zeit wird, die schizoide Katastrophe unseres Planeten, deren Irrsinn jedem klar denkenden und empfindsamen Menschen bewusst ist, durch die Erfahrung der Einheit und Neuorientierung aus den Kräften unserer eigenen Mitte abzuwenden.

Die Sidhi-Kräfte, zu denen auch die Levitation gehört, sind Katalysatoren in diesem faszinierenden Prozess der Transformation. Sie helfen demjenigen, der sich der Evolution verschrieben hat, Körper, Geist und Seele zu koordinieren, seine höhere Sensitivität mitten im Alltagsstress stabil zu halten und Erfahrung innerer Erfülltheit im täglichen Geschäft mit der Welt zu bewahren.

Sie helfen aber auch, das Instrumentarium unserer Bewusstseinskräfte feiner zu stimmen, entwickeln subtilere (und darum harmonischere) Gefühlsebenen und stärken Intelligenz, Kreativität, Intuition und die innere Dynamik, die alles Handeln leichter und spontaner gestalten. Und, was nicht zu vergessen ist, sie entwickeln eine gesunde Physiologie. Hören wir, was Maharishi Mahesh Yogi zu den Sidhi-Techniken sagt:

„Wir erkennen aufgrund unserer Erfahrung, dass unsere eigene Natur, unser eigenes Selbst, überaus mächtig ist. [...] Durch die Anwendung der Formeln der TM-Sidhi-Techniken haben wir gelernt, in unserer inneren Natur Impulse bestimmter Art zu setzen, um ganz bestimmte Effekte hervorzubringen. Damit haben wir gleichzeitig gelernt, jene allmächtige Kraft in Bewegung zu setzen, die der gesamten galaktischen Aktivität des Universums zugrunde liegt.

Es gelingt uns immer besser, Nutzen aus unserer eigenen Natur, aus unserem eigenen Selbst zu ziehen; das heißt, wir erlangen mehr und mehr die Fähigkeit, uns schon im Inneren so zu verhalten, dass die Natur unseren Wünschen folgt. Damit ist nicht die Fähigkeit gemeint, im Bereich der Energie oder Aktivität wirksam zu sein, sondern die Geschicklichkeit, unsere eigene Natur zu handhaben. Es ist die Geschicklichkeit, gezielt einen Impuls reinen Bewusstseins im reinen Wissen zu erzeugen." [2]

Was die Levitation oder das „Fliegen" betrifft, so hat die Wissenschaft bereits genügend Beweise für ihre Existenz und ihre mannigfaltigen Begleiterscheinungen geliefert. Dabei stellt sich die Frage, ob unser Wissen von den Naturgesetzen tatsächlich bereits so fortgeschritten ist, dass uns erlaubt ist zu behaupten: „Fliegen widerspricht allen Naturgesetzen."

Immerhin hat es Zeiten gegeben, da hat man die Kartoffel für eine „Höllenfrucht" und die Dampfmaschine für „Teufelszeug" gehalten. Naturgesetze? Vielleicht sind wir momentan gerade dabei, die ersten wirklichen Erkenntnisse über das Naturgesetz wiederzugewinnen, während der ganze Spuk der letzten paar hundert Jahre nur ein kindliches Spiel mit unserer eigenen Unwissenheit war?

Angesichts der überaus zahlreichen belegten Zeugnisse zum Phänomen Levitation fällt es schwer, jenen Gehör zu schenken, die dahinter nur Suggestion oder schlicht Unmöglichkeit zu erkennen glauben. Immerhin ist unsere abendländische Kultur geprägt worden von einer Person, die unter anderem in der Lage war (und dies bezeugtermaßen), die Schwerkraft aufzuheben und leibhaftig zu schweben.

Die Frage ist dabei, ob Christus den Naturgesetzen „widersprochen" hat, oder – besser – ob er sie beherrscht hat, so wie man auch Gedanken, Gefühle, Eindrücke etc. „beherrschen" kann und damit die ihnen zugeordneten Naturgesetze.

„Widerspricht" eine Rakete der Schwerkraft oder „beherrscht" sie den Auftrieb und die Ballistik, das heißt die wie jeder Kraft auch der Schwerkraft zugeordnete Gegenkraft? Flugmaschinen werden noch heute bei bestimmten Eingeborenen für „Göttervögel" gehalten. Technik für die einen, Magie für die anderen.

Wer weiß es besser? „Beherrschen" wir nicht bestimmte einstmals unbekannte Naturgesetze mit jedem Start eines Jumbo-Jets?

Der Übergang von der Magie zum „Natürlichen" ist fließend, weil menschliches Bewusstsein auf Evolution angelegt ist, auf deren Stufen sich mit jedem Schritt nicht nur unser Welt- und Selbstverständnis, sondern auch unser Potenzial verändern. Unser Wissen kann nur zu jedem Moment unserem jeweiligen Bewusstseinsstand entsprechen. Und wie man von einem Säugling nicht das Verständnis der Quantenphysik erwarten kann, so kann man von unserem jetzigen kollektivem Bewusstseinsstand nicht ein spontanes Akzeptieren des Gesamtphänomens der sogenannten „übernatürlichen Kräfte" erwarten.

Dennoch sind diese Kräfte seit Jahrtausenden „im Gebrauch" und wurden lange für die größten Errungenschaften des Menschen gehalten, ebenso wie sie die größten Errungenschaften der Zivilisation erst möglich gemacht haben. Denn jedes besondere Talent, jeder Genius, jede Begabung, ebenso wie „Spitzenerfahrungen", Entdeckungen und Erfindungen, Feldherrengröße und Superleistungen im Sport, aber auch überragende menschliche Größe und manches verborgene „Wunder" unseres Lebens, beruhen auf höheren Bewusstseinsformen und sind Leitspuren der Gesellschaft für eine übergeordnete Kategorie von Erfahrungen, die jeder insgeheim begehrt, wenn sein Seelenleben nicht bereits derartig verödet ist, dass er es den Medien oder den Träumen überlässt, hier und da einmal „durch das Schlüsselloch" zu schauen und sich als mehr zu erleben, als er zu sein glaubt.

Aber vielleicht liegt es nur an uns, dass wir vor lauter Phantastischem, das sich uns aus „zweiter Hand" jeden Tag bietet, das Wunder unseres eigenen Selbst vergessen. Wer den Blick nicht nach innen lenkt, dem entfremdet sich die eigene Seele, und er wird rasch zu jenen gehören, die jegliche Form von Selbst-Erfahrung als „kitschig und introvertiert" ansehen. Aber das Leben lässt sich nicht betrügen. Das Geburtsrecht des Menschen ist Seligkeitsbewusstsein.

Gewiss, das Glück will erworben werden. Aber welches Kapital ist größer als jenes, das uns, ohne dass wir es je wieder verlieren können, für alle Zeiten frei macht? Die „Investition Freiheit" ist die einzige, die sich auf Dauer lohnt. Vorausgesetzt, ich begreife, welche Freiheit gemeint ist. Wie heißt es so schön in einem Text von Buddha?

„Es wäre besser, einen einzigen Tag in der Entwicklung eines guten Lebens der Meditation zu leben, als hundert Jahre schlecht und mit ungeschultem Denken hinzubringen." [3]

Levitation im Christentum

Die allmähliche Ausbildung neuer, zunächst nur bei vereinzelten Individuen auftretender und darum mit Argwohn und Skepsis angesehener Fähigkeiten scheint in den Entwicklungsplan der Schöpfung zu gehören. Die Kulturgeschichte zeigt, dass immer einzelne „Vorreiter" der Menschheit Erfahrungen vorwegnehmen, die das Kollektiv oft erst sehr viel später zu integrieren lernt. Nicht zuletzt ist Christus das beste Beispiel für diesen Vorgang. Wir wissen aus seinen Aussagen, dass er die Wunder, die er vollbrachte, auch für jene voraussah, die in seinem Geist der Nächstenliebe und in Demut vor dem Schöpfer und seiner Schöpfung lebten und wirkten:

„Wahrlich, wahrlich, ich sage euch: Wer an mich glaubt, der wird die Werke auch tun, die ich tue, und wird Größeres als diese tun, denn ich gehe zum Vater …" (Johannes Evangelium, 14, 12-14)

Bekannterweise werden die meisten Levitationserfahrungen von Personen bezeugt, die auf einer hohen Stufe der inneren Reinheit und Lauterkeit gelebt haben, nämlich unseren christlichen Heiligen. Herbert Thurston hat in seinem Buch „Die körperlichen Begleiterscheinungen der Mystik" mehrere dieser Erfahrungen zitiert. Ähnlich gründlich ist Blaise Cendrars mit seinem Buch „Le Lotissement du ciel" gewesen, in welchem er über 60 Seiten eine Chronologie der Levitationserfahrungen christlicher Mystiker, Heiliger u. a. vom Mittelalter bis in die Neuzeit liefert. Andere Bücher wie das bekannte Werk der Bollandisten, „Acta Sanctorum", und jenes von Olivier Leroy, „La Levitation", zitieren Hunderte von Erfahrungen des Fliegens, viele von ihnen bezeugt von Päpsten, Kardinälen und Bischöfen sowie von Fürsten und anderen hochstehenden Persönlichkeiten ihrer Zeit.

Prosper Lambertini, der spätere Papst Benedikt XIV., hat allein siebzig Fälle von Levitation in der Nähe des Ortes Copertino festgehalten, dem Heimatort des berühmtesten aller „Flieger", nämlich Josef von Copertino, der es fertigbrachte, stundenlang in der Luft zu hängen oder sich wie ein Vöglein auf einem zarten Olivenbaumzweig zu wiegen. Nicht genug damit, er brachte es in seiner Verzückung fertig, sich mit anderen Personen an der Hand in die Lüfte zu schwingen, und verblüffte König und Papst mit seiner Kunst. Papst Urban VIII. fiel, als Josef vor ihm zum Fußkuss erschien, fast in Ohnmacht, als der Heilige sich vor ihm in die Lüfte erhob. Berühmt ist auch die Episode mit Johann Friedrich, Herzog von Braunschweig, der beim Besuch einer Messe in Assisi, Josef von Copertino um den Altar schweben sah und, bis ins Innerste erschüttert und in Tränen aufgelöst vor diesem Anblick, sich als überzeugter Lutheraner zum Katholizismus bekehrte.

Die päpstliche Bulle von 1767, mit der Clemens XIII. die Heiligsprechung Josefs von Copertino verkündete, erwähnt die besondere Kraft des großen Heiligen. Über denselben heißt es: „Die Expertisen über ihn füllen Bände. Hohe und höchste Persönlichkeiten bestellten ihn zu einem „Flugtag" in ihre Residenzen. Er flog in Rom, Neapel und Assisi. 70 Flüge sind allein in Copertino von Augenzeugen durch Eid bestätigt worden." [4]

Eine andere berühmte Heilige, Teresa von Ávila, musste bisweilen von ihren Klosterschwestern am Boden festgehalten werden, um nicht in innerer Verzückung mitsamt den Bodenmatten in die Luft zu gehen. Teresa ist auch eine der wenigen, die über ihr Fliegen persönlich berichtet haben. Im Prozess der Heiligsprechung Teresas berichtet Bischof Yepes:

„Als sie sogleich nach Empfang der heiligen Kommunion gegen eine Ekstase ankämpfte und in die Luft gehoben wurde, klammerte sie sich verzweifelt an die Stangen des Gitters und rief voller Seelenqual aus: „Mein Gott, lass es nicht zu, dass eine so niedrige Kreatur wie ich für eine heilige Frau gehalten werde, bloß weil ich über deine große Gunst verzückt bin." [5]

Über den Heiligen Dominik schreibt der Schweizer Jacques Thyraud in seinem Buch „Der fliegende Mensch": „St. Dominik verließ den Erdboden und schwang sich in Anwesenheit Philipps des Zweiten von Spanien, der Königin und des gesamten Hofes in die Luft empor. Dies geschah im Dezember 1601 in Madrid."

„Und wenn man seinen Körper nur anblies, so zitterte er wie eine Seifenblase." (Abt Galmet) [6]

Aber nicht nur christliche Heilige beherrschten diese erstaunliche Kunst. So schreibt Thyraud über den Amerikaner Douglas Horne, der im letzten Jahrhundert wegen seiner oftmals von berühmten Zeugen beobachteten Schwebezustände ebenfalls zur Berühmtheit wurde.

Der englische Chemiker und Physiker William Crooks, Chefredakteur des „Quarterly Journal of Science" und Chemienobelpreisträger des Jahres 1907, beschreibt die Szenen, denen er selbst beigewohnt hatte, auf folgende Weise:

„Die erstaunlichsten Beispiele dafür, wie sich ein Mensch in die Luft erhebt, sah ich bei Herrn Horne. Ich habe erlebt, wie er sich in drei verschiedenen Stellungen vom Boden abstieß: 1. auf einem Lehnstuhl sitzend, 2. auf einem Stuhl kniend, 3. stehend. Man berichtet von mindestens hundert Fällen, in denen sich Herr Horne in der Gegenwart einer Reihe von Leuten in die Luft emporhob, und glaubwürdige Zeugen haben mir dies bestätigt. Einer dieser Zeugen war Graf Tolstoi, der selbst schrieb: Horne stieg von seinem Stuhl aus in die Höhe und fasste ihn an den Füßen, während er über unseren Köpfen schwebte." [7]

Weiter schreibt Thyraud: „Die kürzlich in hohem Alter verstorbene Tibetkennerin Alexandra Davis schildert in ihren Reiseberichten zahlreiche Fälle von Levitation. Die Lamas, erzählt sie, üben sich darin, mit gekreuzten Beinen emporzusteigen, ohne sich der Hände zum Abstoßen zu bedienen. Anschließend landen sie fast unmerklich auf einer Ähre, ohne deren Stiel zu knicken, oder sie setzen sich auf einen Haufen von Gerstenkörnern, ohne ein einziges davon zu bewegen." [8]

B. Cendrars berichtet in seinem bereits zitierten Werk über Augenzeugen, die unter zahlreichen Umständen Indianer während der Levitation beobachtet haben. Er selbst hat Eingeborene im Amazonasgebiet im Zustand des Schwebens gesehen: „Die Levitation ist eine Kunst des spontanen Reisens, die ich gerne beherrschen würde, seitdem ich die Eingeborenen der Urwälder Amazoniens gesehen habe, die sich in dieser Kunst ergingen." [9]

Wie erklärt sich dieses Phänomen, dass bestimmte Menschen unter bestimmten Bedingungen in der Lage sind, fundamentale Naturgesetze scheinbar außer Kraft zu setzen und Dinge zu vollbringen, die für den normalen Sterblichen unmöglich oder sogar widernatürlich erscheinen?

Deutlich ist bei vielen Fällen des Körperschwebens, dass sie spontan und „unvorbereitet" geschehen. Der Betroffene wird, oft in einem Zustand innerer Seligkeit, oder – wie es in den christlichen Texten heißt: innerer Verzückung – von dieser Erfahrung überrascht und wird sanft aber bestimmt emporgetragen. Wie wir im Falle der Heiligen Teresa sahen, versuchen einzelne sogar, dieser Kraft zu widerstehen; so schreibt sie:

„Oft wollte ich diesem Zug, der uns ohne unseren Willen und manchmal peinlich ergreift, Widerstand tun und strengte alle meine Kräfte an, besonders, wenn es in Gegenwart anderer geschah, und auch sehr oft wenn ich allein war; denn ich fürchtete, es möchte eine Täuschung sein. Zuweilen konnte ich ein wenig widerstehen, mit großer Anstrengung meiner Kräfte – gleich einem Manne, der mit einem mächtigen Riesen in ungleichem Kampf begriffen ist." [10]

Soweit persönliche Zeugnisse zur Verfügung stehen, ist zu beobachten, dass der Schwebende sich des Geschehnisses voll bewusst ist und durchaus nicht in tranceähnlichem Zustand durch diese Erfahrung geht. Wieder Teresa: „Im Anfang, ich muss es bekennen, befiel mich eine große Furcht, denn wunderbar ist es zu sehen, wie der ganze Körper ganz über die Erde erhoben wird. Wohl ist es der Geist, der ihn nach sich zieht, und dies mit einem süßen

Wonnegefühl; jedoch verliert er darum seine Empfindlichkeit nicht. Dies war wenigstens der Fall bei mir: Ich war mir wohl bewusst, dass ich über der Erde schwebte." [11]

Umgekehrt gibt es aber auch Berichte, wonach das Bewusstsein gleichsam völlig „weggetreten" scheint und auf keinerlei Impulse von außen mehr reagiert. Berühmt dafür war die Heilige Maria Agreda, über die Bischof Samaniego ausführlich berichtet hat:

„Die Entrückungen der Dienerin Gottes waren folgender Art: Der Körper war des Gebrauchs der Sinne völlig beraubt, wie wenn er tot wäre, und fühlte nichts, auch wenn ihm Gewalt angetan wurde. Er war ein wenig über dem Boden erhoben und so leicht, als hätte er kein Eigengewicht, sodass er durch einen Atemstoß selbst aus einiger Entfernung wie eine Feder bewegt werden konnte. Das Gesicht war schöner als im normalen Zustand, es zeigte eine gewisse Blässe anstelle der gewöhnlichen dunklen Farbe." [12]

Die Dauer der Levitationserfahrung variiert zwischen einigen Sekunden bis zu mehreren Stunden. O. Leroy berichtet über Ludwig von Mantua, der volle drei Tage in der Luft hängen blieb, und Colette de Corbie verlor man während einer ihrer Höhenflüge aus den Augen. Berühmt ist auch die von allen Biographen der Heiligen Teresa und des Heiligen Johannes vom Kreuz beschriebene „Doppelekstase" der beiden Heiligen im Karmeliter-Kloster von Ávila, das bis heute ein Gemälde der beiden gemeinsam „schwebenden Heiligen" bewahrt. Es trägt die Inschrift: „Als Priorin dieses Klosters der Inkarnation wurde unsere Heilige Mutter, während sie sich gemeinsam mit dem Vikar dieses Klosters, dem Heiligen Johannes vom Kreuz, über das Geheimnis der Dreifaltigkeit erging, verzückt, und der Heilige Geist hob sie mitsamt ihrem Stuhl empor, so wie es dieses Bild zeigt." [13]

Über eine andere Art der „Doppelekstase", die nicht der Komik entbehrt, berichtet Josef von Görres in seinen Beschreibungen der „Erhebungen" des Heiligen Josef von Copertino: „Nicht aber bloß stieg er in solchen Umständen selbst in die Lüfte, er nahm wohl auch andere mit sich. Das begegnete unter anderem dem

Pater Custos von Assisi, als Josef nach feierlich gesungener Vesper, zu Ehren der unbefleckten Empfängnis, in der Noviziatskapelle dem Verweilenden zuredete, mit ihm öfter die Worte „Maria, du Schöne" zu wiederholen. Während dieser, Folge leistend, einfiel in die vorgesprochenen Worte, wurde er von ihm bei den Seiten gefasst und in die Lüfte erhoben. Dasselbe geschah bei der Einkleidung einiger Jungfrauen im Kloster der heiligen Klara in Copertino. Als man den Vers: „Veni, sponsa Christi" anstimmte, lief er aus dem Winkel, wo er kniend gebetet hatte, auf den Beichtvater des Ordens der Observanten zu, nahm ihn bei der Hand, erhob ihn mit übernatürlicher Kraft von der Erde und drehte ihn im Wirbel um." [14]

Noch aufsehenerregender waren Josefs Flüge, mit denen er die Mitbrüder seines Klosters in Assisi bisweilen aufschreckte. Meist ging dem Ereignis ein lauter Schrei oder ein lang gezogenes „Oooooh!" voraus, bevor es ihn mit aller Kraft in die Höhe zog.

Über einen besonders dramatischen „Flugtag" im Kloster von Fossombrone noch einmal Görres: „Bisweilen wurde bei seinen Auffahrten wohl auch ein Schall vernommen. So hatte er, während seines Aufenthaltes in Fossombrone, am Pfingsttag in der Frühe Messe gelesen in seiner Kapelle, und als er die Worte: „Veni creator spiritus" ausgesprochen, war das Feuer so urplötzlich schnell in ihn eingeschlagen, dass er aufs geschwindeste, sich vom Altare losmachend, mit einem Knalle, als ob es donnere, in die Höhe schoss und wie ein Blitz in der Kapelle umfuhr, mit solchem Ungestüme, dass alle Zellen desselben Ganges erschüttert wurden und die erschrockenen Brüder herausliefen, laut schreiend: ‚Erdbeben! Erdbeben!' Als sie in die Kapelle Josefs eingetreten, fanden sie erstaunt den Grund dieser gewaltsamen Bewegungen in ihm, der da verzückt und in der Fülle höheren Trostes versenkt war." [15]

Skepsis gegenüber dem Fliegen

Alexandra David-Neel, die große Tibetkennerin, die in mehreren ihrer Reisebeschreibungen auch auf die Levitation zu sprechen kommt, hat in einem ihrer Vorträge am College de France davor gewarnt, die Wissenschaft vom Subjekt zu unterschätzen und ihre Zuhörer darauf hingewiesen, dass die Erforschung der geistigen Phänomene wie jede andere Wissenschaft zu betreiben ist.

„Es gibt da keinerlei Wunder, nichts Übernatürliches, nichts, was Aberglauben erzeugen oder nähren kann. Eine vernünftige und wissenschaftlich geleitete geistige Schulung kann erwünschte Feststellungen herbeiführen. Durch eine derartige Ausbildung erzielte Ergebnisse können folglich selbst dann nützliche Dokumente liefern, die Ihre Aufmerksamkeit verdienen, wenn diese Ausbildung auf empirische Weise stattgefunden hat und auf Theorien fußt, denen wir uns nicht immer anschließen können." [16]

Trotz des überwältigenden Materials zum Thema Fliegen aus allen Kulturkreisen und der zahlreichen Augenzeugenberichte glaubwürdiger Persönlichkeiten aus vielen Jahrhunderten gibt es heute noch immer viele Menschen, die das körperliche Freischweben des Menschen als unmöglich bezeichnen. Zu ihnen zählen oft durchaus geistig offenstehende Personen, die aber aus der inneren Verpflichtung ihrem eigenen Weltbild gegenüber das „Natürliche des Über-Natürlichen" ablehnen. Eine solche Haltung ist in mancher Hinsicht verständlich, denn kollektive Erfahrungen, zu denen die Erfahrungen der fundamentalen Naturgesetze, also auch der Schwerkraft gehören, haben ihre Spuren in den tiefsten Bereichen des Seelischen hinterlassen und sind vom Intellekt nicht einfach auszuschalten. Was Jahrtausende gilt, kann schwerlich durch den Bericht eines Einzelnen ungültig werden. Dennoch muss gesagt sein: „Wäre die mystische Erfahrung, wie Zyniker es behaupten, reine Illusion, nur Stoff, aus dem Träume gemacht werden, dann ist es seltsam, dass Männer und Frauen aus sehr verschiedenen Gegenden durch die Jahrhunderte hindurch an der gleichen Täuschung gelitten und den gleichen Traum geträumt haben." [17]

„Fakten werden nicht deshalb aufhören zu bestehen, weil sie nicht anerkannt werden", hat einmal Aldous Huxley gesagt. Für die Majorität der Skeptiker ist die Levitation ein Ärgernis, weil sie, obwohl selbst archetypisch, an uralte Denk- und Erfahrungstypen des Menschen rührt. Ihre mögliche Existenz wird als „umstürzlerisch und subversiv" für die persönliche und kollektive Erfahrung und damit für das geltende Weltbild gesehen.

Turmhohe Kartenhäuser von Lebensvorstellungen, inneren und äußeren Bezugssystemen und vermeintlich ein für allemal besiegelten Weltanschauungen drohen in ihrer Gegenwart zusammenzubrechen. Das gilt vor allem für eine dem Materialismus verschriebene Gesellschaft, die sich alle Mühe gegeben hat, „die andere Seite" des Lebens, die unsere eigene seelische Mitte ist, aus dem Zentrum ihrer Kultur in ein Niemandsland zu verdrängen.

Sie hat damit zwar alle feineren, kultur- und evolutionsfördernden Aspekte des Lebens gleich mit „unter den Teppich gekehrt", kann aber mit Stolz von sich behaupten, dass sie den objektiven Wahrheiten der primären Anschauung und des Konkret-Praktischen eine „zivilisierte Welt" abgerungen hat. Fragt sich nur, ob diese praktische Welt mit ihren praktischen Anschauungstypen nicht in mancherlei Hinsicht auf gläsernen Füßen steht, um nicht zu sagen, ob sie nicht im Illusionären schwebt, und zwar weit wagemutiger und gefährlicher als so mancher schwebende Heilige.

Aber anscheinend gehört es mit zum „kosmischen Fahrplan", dass alles seine Zeit braucht, somit auch die Evolution unserer Erkenntnisse. Es ist nicht jedem geschenkt, jemanden mit eigenen Augen vor sich in der Luft schweben zu sehen und die heilsame Erfahrung zu machen, dass ihm der dünne Teppich seines Weltbildes in einer Sekunde unter den Füßen weggezogen wird.

Die eigentliche „Erlebniskippe", auf die wir warten, ist so manches Mal eine zähe „Rutschbahn" der kollektiven Erfahrung, die in den meisten Fällen länger als ein Leben dauert. Es gilt eben immer noch, was der berühmte Psychologe und Begründer der Humanistischen Psychologie, A. Maslow, einmal erkannte, dass es Menschen mit „Spitzenerfahrungen" des Bewusstseins gibt, und diese „verstehen" spontan, weil das Unmögliche bei ihnen bereits eingetreten ist, und andere, die diese Erfahrungen nicht teilen, und diese werden sich an den Kanon der jeweils geltenden Weltanschaungstypen halten und – wie Schopenhauer es einmal sagte – die neue Erkenntnis zunächst ignorieren und dann lächerlich machen und angreifen, bevor sie sie für selbstverständlich halten.

Was die Flug-Erfahrungen der christlichen Heiligen betrifft, so wurde diesem Bereich ohnehin über Jahrhunderte, gerade von Seiten der Kirche, eine derartige Zurückhaltung und Skepsis entgegengebracht, dass verständlicherweise ein großer Teil der betroffenen Personen es vorzog, die „Angelegenheit für sich zu behalten". Hinzu kommt die Inquisition, die jegliches „Übernatürliche" als einen Angriff gegen das Dogma auf das Härteste verfolgte, sodass nur in relativ seltenen Fällen mal ein „Fisch durch ihre Maschen schlüpfte".

Dass trotz der systematischen Ausrottung des Wunderbaren durch die Inquisition uns noch mehrere tausend Berichte über das Schweben von Heiligen und anderen Personen überliefert ist, grenzt schon selbst fast ans Wunderbare.

Ein anderes Motiv für das „Stillehalten" vor dem Wunder war die persönliche Furcht des Betroffenen vor eventuellem „Blendwerk des Teufels", vor dem selbst die Heiligen immer wieder warnen. Auch will man nicht „an die große Glocke hängen", was man selbst nur im besten Fall als „geschenkte Gnade" erfahren hat und was nur den allerpersönlichsten Kern der Beziehung zu Gott berührt. Außerdem ist die christliche Demutshaltung vor jeglichem persönlichen „Auserwähltsein" in vielen offensichtlichen Fällen der Grund, weshalb wir nur sehr spärliche Auskunft über zahlreiche

Levitationserfahrungen erhalten. Dennoch ist genug berichtet worden; und Skepsis gegenüber so vielen Zeugenstimmen kann nur den Skeptiker selbst hinterfragen. Dazu noch einmal Thurston:

„Für unseren Gegenstand bedeutsamer ist die Tatsache, dass in den Fällen von Levitation, die aus dem Leben von Heiligen berichtet werden, alle [...] vorgebrachten Einwände dahinfallen; von wenigen Ausnahmen abgesehen ereigneten sie sich am helllichten Tage. Weiter wünschten die Mystiker keinesfalls, Eindruck zu machen und die Aufmerksamkeit auf die Vorkommnisse zu lenken.

Wir stoßen im Gegenteil in einem Fall nach dem anderen auf zahlreiche Beweise dafür, dass die Heiligen, die solche Ekstasen und Entrückungen erlebten, sie vor den Mitmenschen nach Möglichkeit verbargen. Das Aufsehen, das sie erregten, und die Verehrung, die man ihnen deswegen entgegenbrachte, verletzte ihre Demut. Die Erhebungen vom Boden erfolgten zudem in der Regel ganz unvermutet, und die Augenzeugen hatten nichts Derartiges erwartet. Wenn unter diesen Umständen die Tatsache von Personen bezeugt wird, für deren Ehrlichkeit wir einstehen dürfen, dann gibt es wohl keine Gründe mehr, die Schlussfolgerung abzuweisen, dass die bekanntesten und grundlegendsten physikalischen Gesetze, welche unsere materielle Existenz in dieser Welt regieren, immer wieder durch eine in ihrem Wesen geistige Macht aufgehoben wurden, durch eine Macht, die nicht in der beteiligten Person selbst gegeben ist." [18]

Das Beispiel von Franz Suarez, einem Franziskaner-Missionar in Neu-Mexiko und Guatemala, über den Thurston berichtet, mag diese Beobachtung verdeutlichen. So schreibt einer seiner Mitbrüder: „Ich, Bruder Hieronymus da Silva, bestätige hiermit, dass ich dieses Dokument auf Befehl meines Beichtvaters P. Anton de Morales geschrieben habe und dass mir der genannte Pater befahl, es niemandem zu geben und es niemanden lesen zu lassen, sondern es verschlossen in einem Umschlag aufzubewahren mit einer Aufschrift, die jedermann absolut verbietet, es vor dem Tode P. Franz Suarez zu öffnen." [19]

Der Schreiber fährt dann fort, er habe dieses Vorgehen auf Anordnung seines Beichtvaters befolgt, weil er, von schwacher Gesundheit, wahrscheinlich nicht lange leben werde. Das Dokument gibt Rechenschaft über zwei Fälle, in denen der Bruder P. Suarez in der Ekstase angetroffen hatte: „Neulich bat mich Don Pedro von Aragon (der Rektor der Universität von Salamanca) zur gleichen Stunde – es war etwa 2 Uhr nachmittags – P. Suarez zu ersuchen, ihn zum Kloster Santa Cruz zu begleiten. Da mich P. Suarez beauftragt hatte, ihn zu rufen, wann immer der Rektor dies wünschte, ging ich sofort zu ihm. Quer über die Türe war der Stab eingelegt, den der Pater in der Regel anbrachte, wenn er nicht gestört sein wollte. Wegen des erhaltenen Auftrags nahm ich den Stab weg und trat ein.

Der Vorraum lag im Dunkel. Ich rief den Pater, doch gab er keine Antwort. Der Vorhang zum Arbeitsraum war gezogen, aber durch die Ritze zwischen Vorhang und Türpfosten sah ich einen sehr hellen Glanz. Ich zog den Vorhang beiseite und trat in das innere Gemach. Da sah ich vom Kruzifix ein blendendes Licht ausstrahlen, so stark wie der Reflex der Sonne in Fensterscheiben. Ich hätte nicht lange hinschauen können, ohne völlig geblendet zu werden.

Das Licht verströmte vom Kruzifix aus auf Gesicht und Brust P. Suarez, und in diesem Glanz sah ich ihn dem Kreuz gegenüber knien, das Haupt entblößt, die Hände gefaltet und den Körper drei Fuß über den Fußboden zur Höhe des Tisches emporgehoben, auf dem das Kruzifix stand. Als ich das sah, zog ich mich zurück, doch hielt ich verwirrt einen Augenblick inne und lehnte mich wie außer mir während drei Credos an den Türpfosten. Dann ging ich hinaus.

Die Haare standen mir wie die Borsten einer Bürste zu Berge, und ich wartete bei der Türe des Vorraumes, kaum wissend, was ich tat. Gut eine Viertelstunde später hörte ich jemand kommen. Es war der Pater, der den Stab wegnehmen wollte und mich erblickte. Ich sagte ihm, dass der Rektor auf ihn wartete. Er fragte, warum ich ihn nicht verständigt habe. Ich antwortete, dass ich in das innere

Zimmer gekommen und ihn gerufen, er aber keine Antwort gegeben habe.

Als der Pater dies hörte, fasste er mich am Arm und zog mich wieder hinein. Die Hände faltend und mit Tränen in den Augen flehte er mich an, nichts von dem, was ich gesehen hatte, zu erzählen, solange ich lebe.

Ich bat ihn um die Erlaubnis, meinen Beichtvater darüber zu befragen. Damit war er einverstanden, denn mein Beichtvater war auch der seinige. Der Beichtvater riet mir, diesen Bericht in der genannten Art und Weise zu schreiben. Ich habe ihn mit meinem Namen unterzeichnet, denn alles, was hier steht, ist lautere Wahrheit. Und wenn ich nach dem Willen Gottes vor P. Suarez sterben sollte, dann dürfen die Leser dem Bericht glauben, wie wenn sie alles mit eigenen Augen gesehen hätten. Sollte es der Wille Gottes sein, dass P. Suarez vorher stirbt, dann werde ich alles, wenn nötig, unter Eid bestätigen." Hieronymus da Silva [19]

Skepsis gegenüber dem „Übernatürlichen"? Bestimmt nicht bei jenen, die aus eigener Erfahrung gelernt haben, dass das „Unmögliche" nur eine Erweiterung des Möglichen ist. Vielleicht aber, um es positiv zu sagen, bei vielen sicherlich ein geheimes Zögern vor den eigenen Möglichkeiten; bei manchen der Betroffenen ganz gewiss ein tiefes Ahnen von der Relativität eines „Wunders", das letztlich ja auch nur wieder „Begleiter" der „ganz anderen Erfahrung" ist, die jenseits aller Phänomene liegt und darum nur „verschwiegen" werden kann.

Der Mystiker spricht nicht gerne von sich selbst. Wer die begrenzte Ich-Erfahrung in der Universalität des Göttlichen oder des Selbst hat aufgehen sehen, ist in den wenigsten Fällen bereit, sich in das Zentrum missverständlicher Aufmerksamkeit der neugierigen Welt gestellt zu sehen. Ähnlich schreibt der Abt Petit, der dem Phänomen der Levitation unterworfen war, zu Beginn unseres Jahrhunderts:

„Es kostet mich große Überwindung, um von mir selbst zu sprechen, ich tue es nur mit äußerstem Widerwillen, aber es wäre wünschenswert, dass jene Personen, bei denen zufällig oder nicht Erscheinungen dieser Art auftreten, es freimütig eingestünden. Es ist dies ein sehr peinliches Geständnis." [20]

Und Thyraud, der über den Abt berichtet, fährt fort: „Deshalb verschweigen denn auch die meisten Betroffenen ihr Geheimnis, um nicht in den Ruf zu geraten, sie litten an Halluzinationen oder Visionen. Aus Furcht oder Lächerlichkeit lässt man viele Möglichkeiten zu Experimenten ungenutzt verstreichen.

Vorurteil, Mangel an wissenschaftlichem Geist sowie spöttischer Skeptizismus tragen allesamt dazu bei, jene Epoche noch weiter zu verzögern, wo die Gestalten Chagalls, die mühelos zwischen Himmel und Erde schweben, nichts Unmögliches mehr an sich haben werden. Die Zeit wird einst kommen, wo dies ein alltäglicher Anblick sein wird." [20]

Wissenschaftliche Erklärungsversuche

Was sagt nun die Wissenschaft dazu? Rein naturwissenschaftlich ist es mit unserem heutigen Wissensstand nicht möglich, das Phänomen des Fliegens in seiner vollen Reichweite zu erklären. Wie es ein Gelehrter unlängst in einer Fernsehsendung ausdrückte: „Die Wissenschaft hat eben noch einiges zu lernen." Es gibt nun einmal Dinge zwischen Himmel und Erde, die jenseits unserer Schulweisheit liegen. Thyraud schreibt richtig hierzu, wenn er Victor Hugo zitiert:

„Will man die Gesetze des Phänomens entdecken, so muss man sich von der Haltung skeptischer Voreingenommenheit befreien. [...] Sprechen wir es doch deutlicher aus, mit dieser Einstellung kommt man nicht weiter. Sich anstelle einer Untersuchung mit Hohn und Spott zu begnügen, ist zwar eine äußerst bequeme, aber keine wissenschaftliche Methode. [...] Ein Gelehrter, der über das Mögliche lacht, ist von einem Idioten nicht mehr weit entfernt. Die Wissenschaft muss stets mit dem Unerwarteten rechnen." [21]

Aber was kann eine Wissenschaft leisten, wenn das Unerwartete eintritt? Und was bleibt ihr übrig, wenn ihre Axiome und Erkenntnisse vor dem Unerwarteten versagen? Das Naheliegendste wäre doch wohl, dass sie die „unerklärlichen" Phänomene wissenschaftlich zu erklären versucht. Genau dies geschieht heute in den Forschungslabors der Maharishi Europen Research University (MERU) und anderer Institute, die seit Jahr und Tag auf der ganzen Welt Untersuchungen zu höheren Bewusstseinszuständen durchführen.

Über die Aufhebung der Schwerkraft ist um die Jahrhundertwende bereits viel geforscht worden, ohne dass eindeutige Erklärungsversuche gelangen. Albert Einstein versuchte, die geheimnisvolle

Kraft, die ganze Sonnensysteme in ihren Bahnen hält und den Menschen an die Erde fesselt, mit der elektromagnetischen Kraft zu einer gemeinsamen Kraft zu „vereinheitlichen". Der Versuch misslang, weil ihm das Wissen tieferer quantentheoretischer Zusammenhänge fehlte.

In der fortgeschrittensten aller modernen Quantenfeld-Theorien ist die Supergravitationstheorie, durch Nicolai und de Witt Ende der Siebzigerjahre formuliert, heute der aussichtsreichste Anwärter auf eine vereinheitlichte Feldtheorie aller Grundkräfte der Natur, inklusive der Gravitationskraft.

Die vielleicht populärsten kollektiven Erfahrungen mit der Aufhebung der Schwerkraft haben wir, seitdem der Mensch den Weltraum betreten hat, bzw. seitdem er, unter künstlichen Bedingungen, die Schwerelosigkeit im Vakuum „trainieren" kann. Wie bahnbrechend diese Erfahrungen für unser Weltbild waren und sind, vergisst man leicht in einem Zeitalter der technischen „Wunder". Aber „hinter dieser bahnbrechenden Leistung, hinter der Tatsache, dass der Mensch seinen Fuß auf ein anderes Gestirn gesetzt hat, verbirgt sich zweifellos ein noch erstaunlicheres Phänomen, nämlich dass der Mensch in seiner physischen Materie nicht mehr derselbe ist. Die Schwerkraft, dieses Prinzip, das sich in allen seinen Molekülen bemerkbar macht, dem er von der Wiege bis zur Bahre unterworfen ist, gerät ins Wanken. Man verändert sich in seinem Körper. Ist dies nicht ein Ergebnis von mindestens ebenso großer Tragweite wie ein Flug, der mit der Geschwindigkeit einer Sternschnuppe über eine Strecke von 400 000 km führt? [....] Der Zustand der Schwerelosigkeit ist also keine bloße Theorie mehr, sondern lebendige Wirklichkeit." [22]

Die Schwerkraft und ihre Aufhebung bleibt der „König" der Wunder. Vielleicht liegt ein geheimes Zell-Wissen in uns, das sich zu regen beginnt, wenn wir vom körperlichen Fliegen hören. Sollte es wahr sein, dass unsere Träume, in denen wir Nacht um Nacht, selbst mit unserem Körper „bekleidet", durch die Lüfte segeln, wahr sind? Dass der Mensch über eine Kraft verfügt, die ihn seine Erdenschwere vergessen lassen kann und die ihn dem Himmlischen verbrüdert?

Der französische Philosoph und Naturwissenschaftler Gaston Bachelard hat diese Menschheitsträume der unbegrenzten Freiheit im Raum in seinen beiden faszinierenden Werken „L'Air et les songes" und „Les Rêveries de l'espace" fest gehalten und dabei erkannt, dass die Träume des Raums uns auch innerlich und körperlich leichter und freier machen.

Aber das ist Literatur. Hier geht es um konkrete Erfahrung. Und es geht um die Glaubwürdigkeit eines der größten Rätsel des Irdischen. Zwei permanenten Phänomenen aufgehobener Schwerkraft steht die Wissenschaft seit langem sprachlos gegenüber. Thyraud berichtet: „Im US-Bundesstaat Oregon gibt es einen Ort namens Watex Hill, wo ein Bleilot um 40 Grad von der Senkrechten abweicht. Im kanadischen Moncton, New Brunswick, ist die Schwerkraft auf einem Hügel, der den Namen „Magnetic Hill" trägt, umgekehrt. Autos können hier aufwärts fahren, während der Motor abgestellt ist." [23]

Der Engländer H. Charrington hat zu Beginn des Jahrhunderts Experimente auf wissenschaftlicher Grundlage durchgeführt, in deren Verlauf der Einfluss einer Gruppe auf die Schwerkraft untersucht wurde. Eine Person musste von mehreren um sie herumstehenden Beteiligten in die Luft gehoben werden; das Ganze fand auf einer Waage statt. Noch einmal Thyraud: „Obwohl die rhythmischen und durch das Atemholen verursachten Bewegungen keine nennenswerten Schwankungen der Nadel bewirkten, stellte der Beobachter, der die Angaben registrierte, einen Gewichtsverlust von 52 Pfund beim ersten und beim zweiten Hochstemmen, sowie von 60 Pfund bei den drei folgenden fest." [24]

Gewichtsverlust durch Gruppenfluidum? Etwas Ähnliches wird über die Steinkugel der Moschee von Shivapur in Indien berichtet. Sie wiegt 55 kg. Sind mehrere Personen um sie versammelt, können sie die Kugel mit dem bloßen Zeigefinger um zwei Meter emporheben. Zum Phänomen der modifizierten Schwerkraft erklärte der französische Wissenschaftler Gaston Mery bereits 1910 in einem Artikel über die Aufhebung der Schwerkraft: „Vom Standpunkt des Versuches aus, den wir heute unternehmen, sind diese Phänomene von größtem Interesse. Sie beweisen, dass die spezifische Schwerkraft eines Körpers nicht unveränderlich ist, wie man bisher angenommen hat. Bald hatte sich das Gewicht Renee Sabouraults, wenn sie auf einem Stuhl saß, versechsfacht, bald verringerte es sich hingegen so sehr, dass der Stuhl und das Kind ein geringeres Gewicht als die Luft aufwiesen und sich zwei Fuß über dem Boden erheben konnten.“ [25]

„Handelte es sich um eine unbekannte Kraft, die den Effekt der Schwerkraft aufhebt oder liegt vielmehr eine Modifizierung der Schwerkraft selbst vor? Die erste Erklärung scheint in eine Sackgasse zu führen. Denn in diesem Fall müsste man nicht nur mit der Existenz einer unbekannten Kraft, sondern gleich mit zweien rechnen. Beim ersten der zwei beschriebenen Phänomene käme zu der Schwerkraft eine zusätzliche Kraft hinzu; beim zweiten träte eine andere Kraft auf, die der Schwerkraft entgegenwirkt und sie in Schach hält ... Die zweite Erklärung erscheint einfacher und einleuchtender.“ [25]

„Gaston Mery meint,“ so Thyraud, „diese Kraft sei mit der Energie vergleichbar, die sich im Inneren des Atoms manifestiert.“ Er „erinnert [...] daran, dass die Materie, die der früheren Auffassung nach träge ist und nur die ihr zugeführte Energie wieder von sich geben kann, in Wirklichkeit ein gigantisches Energiereservoir ist. Die heutigen Verwendungsmöglichkeiten der Atomenergie beweisen dies.“ [25]

Wollte man dem Phänomen Levitation psychophysiologisch näher kommen, so muss man vor allem die Untersuchungen der MERU zum TM-Sidhi-Programm und speziell jene zum „Fliegen“ zur Hand nehmen. Deutlich wird hier gezeigt, dass Erfahrungen höherer Bewusstseinszustände, insbesondere auch die Levitationserfahrungen, einhergehen mit einer Veränderung der Atem- und Herzfrequenz. Noch aufschlussreicher sind die EEG-Untersuchungen, die durchgehend ein deutliches Ansteigen der Gehirnwellen-Kohärenz während der Ausübung der Sidhi-Techniken, wiederum insbesondere während der Levitationstechnik, aufzeigen. Neurophysiologisch ausgedrückt müssen, laut Orme-Johnson, „die TM-Sidhi-Techniken, statt neue neurale Verbindungen zu erzeugen, ein spontanes Entziffern der vorprogrammierten neuralen Informationen ermöglichen; das entspricht der Entfaltung eines latenten Potenzials. Zweitens werden mit jeder Ausübung der TM-Sidhi-Techniken die Bahnen des zentralen Programms mehr und mehr eingeschliffen, indem die synaptische Übertragung erleichtert wird. Dies ist in Übereinstimmung mit der These, dass die Sidhis artspezifische Eigenschaften darstellen, die in jedem Menschen vorprogrammiert sind und ihren phänotypischen Ausdruck finden können. Möglicherweise sind die Sidhis ein Teil der genetischen Ausstattung aller Menschen." [26]

Der Begriff der synaptischen Übertragung ist hier besonders wichtig, denn die Synapsen sind die Schaltstellen unseres nervlichen Potenzials. Es ist durchaus denkbar, dass ein rascherer und reibungsloserer Informationsfluss innerhalb unseres Nervensystems Fähigkeiten zutage fördert, die zuvor nur im Latenzzustand vorhanden waren.

In diesen Zusammenhang passt auch die Bemerkung Pillets über die geheimnisvolle Schwerkraft: „Ein hoch entwickeltes Lebewesen kann kraft seines Willens (ob bewusst oder unbewusst) seine eigene vibratorische Bewegung verändern und somit die Anziehung bzw. Abstoßung durch die Erde modifizieren. Es kann sich nach Belieben im Raum erheben oder niedersenken." [27]

Und Thyraud fügt hinzu: „Der Flug der großen und schweren Insekten, wie etwa des Maikäfers, kann nicht nur ‚von dem feinen Mousselin, das ihre Flügel darstellen‘, abhängen, sondern hier liegt ein Effekt der vibratorischen Modifikation des Insekts selbst vor. [...] Die Hauskatze als bestes Beispiel für ein ‚elektrisches Tier‘ scheint uns einen Vibrationszustand von höchster Frequenz aufzuweisen. Sie schwebt buchstäblich in der Luft, was die anmutigen und recht weiten Sprünge erklärt, die sie ausführen kann. Eine wache Katze im Zustand der Aktivität ist weniger schwer als eine schlafende."[28]

Und über den berühmten Tänzer Vaslav Nijinski heißt es: „Er konnte die Beine bei einem einzigen Sprung nicht weniger als zehnmal kreuzen und wieder auseinandernehmen. Die Zuschauer, fasziniert von dem unwahrscheinlichen Schauspiel, das sich ihnen bot, riefen: „Er springt nicht höher als die anderen, aber es dauert bei ihm länger, bis er wieder unten ist!" Auf die Frage, wie er dies fertigbringe, antwortete er: „Man muss einfach in die Höhe springen und ein wenig dort bleiben."[29]

Modifizierte Schwingungen, synaptische Übertragung, Wachheit, Aufmerksamkeit und gelöster Wille, Konzentration und – wie es die Heiligen zeigen – ein gebündeltes, auf innere und äußere Lauterkeit angelegtes Leben im Einklang mit dem Naturgesetz: Dies sind nur ein paar Stichpunkte, die das Phänomen des Fliegens verständlicher machen können. Dass auch das hohe Ethos der Heiligen etwas mit ihren Levitationen zu tun gehabt hat, steht doch sicherlich außer Zweifel.

Es ergibt Sinn, dass ein auf geistig-spirituellen Fortschritt ausgerichtetes Leben die Nervenkanäle reinigt, das Energiepotenzial des Menschen erhöht und schrittweise zu einer Annäherung an die subtileren Bereiche des Bewusstseins führt. Auf dieser Ebene ist das volle Potenzial des Naturgesetzes wirksam als ein Bereich aller Möglichkeiten, zu denen auch das körperliche Fliegen gehört. Der nicht ans Stoffliche gebundene Geist zieht im Zustand innerer Seligkeit den Körper empor.

Ist es nicht das, was die Heiligen berichten? Ein depressiver Mensch ist „schwerer" als ein glücklicher. Vielleicht ist er auch physisch schwerer unter der Last, die ihn am Boden hält? Ein glücklicher Mensch fühlt sich beschwingt, „als trügen ihn Engelsflügel". Warum sollte der beflügelte Geist nicht den Körper tragen können, wohin es ihn natürlicherweise zieht, nämlich nach oben, zum Licht?

Das TM-Sidhi-Programm

In einem Bericht eines TM-Sidhi-Ausübenden heißt es: „Fliegen ist reine ungetrübte Freude. Alles wird leicht und voller Glück." [30] Ein anderer schreibt: „Das erste Mal, als ich levitierte, waren acht Leute mit mir im Raum. Ich fühlte mich ungeheuer leicht und gut mit der Gruppe. Mein Körper stieg einfach vom Sofa in die Luft. Ich blieb für ein paar Sekunden so hängen und kam dann wieder sanft herunter. Seitdem habe ich Hunderte von Malen die Flugtechnik angewandt und habe davon 25 mal abgehoben. [...] Es ist sehr erfüllend. Ich fühle wirklich, dass Bewusstsein ein Feld aller Möglichkeiten ist. Es ist sehr beglückend. Seitdem ich das Fliegen praktiziere, habe ich beobachtet, dass meine Physiologie sich sehr verändert hat. Die Aktivitäten sind um so vieles leichter geworden." [31]

Interessanterweise berichten viele von denen, die Levitationserfahrungen mit dem TM-Sidhi-Programm gemacht haben, über große innere Heiterkeit, „Wellen von Glückseligkeit", „prickelnde innere Freude" etc., die der eigentlichen Erfahrung des Schwebens vorausgehen. Die emotionale Gelöstheit, innere Freiheit und Stresslosigkeit scheinen allemal Voraussetzungen für die Erfahrung zu sein. Und genau dies wird durch das TM- und TM-Sidhi-Programm vorbereitet.

Kursteilnehmer, die am Programm der TM-Sidhis teilnehmen, berichten ausnahmslos über zahlreiche Erfahrungen höherer Bewusstseinszustände. In einer 1977 durchgeführten Studie an Kursteilnehmern eines sechsmonatigen Kurses zur Einführung in das TM-Sidhi-Programm ergab sich folgendes in Bezug auf die Levitation: Die Technik des Fliegens führte zu einer Vielzahl von Erfahrungen; z. B. wurde empfunden, dass der Körper von Raum durchdrungen wird, was in einigen Fällen mit einem physischen und psychischen Gefühl von Leichtigkeit verbunden war. Weiterhin zeigte sich ein aufwärts gerichteter Energiefluss, begleitet von Schütteln des Körpers, schnellem Atem und einer spontanen, ballistischen Vorwärtsbewegung um circa einen halben Meter oder einem Hüpfen aus der Sitzpostion. Es wurde ferner von einem Hüpfen mit einem intensiven Gefühl von Durchsichtigkeit und Leichtigkeit begleitet von verbesserter Richtungskontrolle berichtet. Schließlich wurden noch in der Luft erneute Aufwärtsimpulse erfahren und das Gefühl, für einige Sekunden in der Luft zu schweben.

Ein Beispiel für das Hüpfen ist folgende Erfahrung: „Ich saß auf einer Couch. Bei der Anwendung der TM-Sidhi-Technik für das Fliegen spürte ich einen gewaltigen Energiestrom durch mich hindurch fließen, und gleichzeitig sah ich, dass mein Rückgrat und meine Brust aus weißem Licht bestanden und eine Form irgendwo in der Luft waren. Dann bewegte sich mein Körper zweimal hoch und wieder herunter. Ich dachte: Was ist das? Die nächste Erfahrung war, dass ich hörte, wie mein Körper den Boden berührte. Ich benutze das Wort ‚hören‘, weil ich nichts fühlte, bevor ich sehr, sehr sanft auf dem Boden ankam. Der Kontakt war kaum zu spüren. Ich hatte mich insgesamt zwei Meter weit bewegt.“ [32]

Interessanterweise geben die alten vedischen Schriften genau über dieses Primärstadium der Levitation Auskunft. Nicht nur Maharishi Patañjali, auf dessen Yoga-Sutren Maharishi Mahesh Yogi das TM-Sidhi-Programm aufgebaut hat, beschreibt die Levitation, sondern auch die Shiva-Samhita und die Upanischaden erwähnen Techniken zum Erlernen des Fliegens, denen das „Frosch-Hüpfen“ als Vorbereitungsphase vorausgehen: „Durch mehr Praxis erfährt (der Schüler) Darduri: Wie der Frosch (dardura) zu hüpfen beginnt, so hüpft er auf dem Boden im Lotussitz. Durch noch mehr Übung verlässt er den Boden. Im Lotus-Sitz selbst verlässt er den Boden und fliegt.“ [33]

Die gleiche Erfahrung berichtet der Autor der Shiva-Samhita, wo es heißt: „Im ersten Stadium beginnt der Körper des Yogi zu schwitzen. […] Im zweiten Stadium fängt der Körper an zu zittern.

Im dritten Stadium geschieht das Herumhüpfen wie ein Frosch. […] Durch die Stärke kontinuierlicher Übung gewinnt der Yogi Bhuchari-Siddhi, das heißt, er bewegt sich wie ein Frosch, der auf dem Boden hüpft, wenn man ihn mit Händeklatschen aufgeschreckt hat. […] Mit größerer Praxis schreitet der Schüler durch die Lüfte. Wenn der Yogi […] sich in die Lüfte erheben und den Erdboden verlassen kann, dann hat er, so wisse, Vayu-Siddhi gewonnen, das heißt Meisterschaft über das Luftelement, welche die Dunkelheit der Welt zerstört." [34]

Interessanterweise tauchen Berichte über diese „Froschhüpf-Technik" als Vorstadium des Levitierens auch bei Reisenden bzw. bei Kennern Tibets auf. John Blofeld erzählt in seinem Buch „Der Weg zur Macht": „Ich kenne einige Menschen, die Zeuge außergewöhnlicher Leistungen von Yogis und anderen fortgeschrittenen Meistern waren. Ein englisches Mädchen, das auf den Hügeln zu Füßen des Himalayas lebte, erzählte mir in einem Brief, wie sie täglich in den frühen Morgenstunden durch schreckliche Stoßgeräusche geweckt wurde, die aus einem von Yogis bewohnten Nachbarzimmer kamen. Als sie diesen nachging, entdeckte sie, dass ihre Nachbarn Levitation übten. […]

In Thailand begegnete ich […] einem Miao-Stammesgenossen, der im Trancezustand auf einer Bank saß, die obere Partie der Beine parallel zum Boden, und mehrere Fuß in die Luft emporschnellte, ohne Muskelkraft zu gebrauchen. Die ganze Zeit verblieben die unteren und oberen Partien der Beine in rechtem Winkel. Ein anderer englischer Freund begegnete während eines Besuches in Sikkim einem sterbenden Lama, der während der Vorbereitungsriten für den Tod auf dem Boden saß, zeitweilig aber die Beherrschung verlor und zu seiner höchsten Verwirrung nicht verhindern konnte, in die Höhe zu schweben, obwohl die Gelegenheit hierzu ganz unangebracht war." [35]

Alexandra David-Neel berichtet darüber, dass Angehörige der geistlichen Orden ebenso wie Männer und Frauen aus weltlichen Kreisen eine Technik praktizieren, in der es darum geht, das

Levitieren durch spontanes In-die-Höhe-Springen aus der Sitzposition mit gekreuzten Beinen zu lernen. Sie schreibt:

„Man hat sich dafür ein eigenartiges Probestück ausgedacht. Wem es gelingt, dem traut man die obenerwähnten Heldentaten ganz oder doch beinahe zu. Will sich jemand der Prüfung unterwerfen, so gräbt man eine Grube, die ebenso tief sein muss, wie der Prüfling lang ist. Darüber wird eine Art Kuppel gebaut, in der man ganz oben eine enge Öffnung anbringt. Die Höhe des Daches entspricht der Tiefe der Grube, sodass, wenn der Mensch 1,70 Meter misst, die Entfernung zwischen dem Boden der Grube und der Spitze der Kuppel 3,40 beträgt. Der in sitzender Stellung, mit gekreuzten Beinen in diesem Grabe hockende Prüfling muss nun mit einem Satze aus der Öffnung des Daches herausspringen können. Tibeter aus Kham versicherten, sie hätten dergleichen bei sich zu Hause mit eigenen Augen gesehen." [36]

Die Methode der Sidhi-Übungen wird im Yoga-Sutra von Patañjali genau erklärt. Maharishi Mahesh Yogi hat die von Patañjali beschriebenen Übungen analysiert und durch Betonung der transzendierenden Meditationserfahrung ein ganzheitliches Programm der Körper-Geist-Entwicklung strukturiert, das TM-Sidhi-Programm, dessen integrierender Bestandteil die Sidhi-Technik des Fliegens ist. Circa 100 000 Personen aus aller Welt haben mittlerweile (1995) diese Techniken erlernt und erfreuen sich, dank ihrer hervorragenden Wirkungen, zunehmender geistiger und körperlicher Gesundheit, wachsender Lebensfreude und gesteigerter Kreativität und Erfülltheit in der Begegnung mit ihren Mitmenschen.

Die Methode der Sidhi-Übungen selbst wird in einem besonderen Stufen-Programm gelernt. Patañjali beschreibt diese Methode im dritten Kapitel (vibhuti pada) seiner Yoga-Sutren. Der allen Sidhi-Übungen zugrundeliegende Prozess ist die Anwendung des sogenannten „Sanyama" auf ein bestimmtes gewünschtes Phänomen.

Sanyama setzt sich zusammen aus den drei Phasen *Dharana* (Konzentration oder geistiges Festhalten), *Dhyana* (Meditation oder gelöstes geistiges Gerichtetsein) und *Samadhi* (Transzendentales Bewusstsein oder endgültiges Entgleitenlassen aller geistigen Impulse in gedankenfreier innerer Stille im Zustand der geringsten Anregung des Bewusstseins). *Dharana, Dhyana* und *Samadhi* müssen gemeinsam innerhalb der Sidhi-Übungen angewendet werden (*trayam ekatra*), wie Patañjali erklärt, um zum Erfolg zu kommen.

Erfolg heißt: Erfahrung der belebten Stille des Bewusstseins, dem Quellgrund aller Kreativität und Energie, aus dem alle Impulse schöpferischer Intelligenz ihren Ursprung nehmen (*yasmin deva adhi vishve nisheduh* – Rig-Veda) und in dessen Kontakt als Bereich aller Möglichkeiten spontane Wunscherfüllung erfahren wird.

Was für den Laien ebenso wie für den Sanskritgelehrten als „bloße Philosophie" klingen mag, wird für denjenigen, der Maharishis Techniken durch seine täglichen Übungen „ernst" nimmt, zu einer umwälzenden Erfahrung der Erneuerung. Wer hätte gedacht, dass das alte Menschheitswissen, wie es die großen Erleuchteten zukünftigen Generationen übermittelten, es mit der Exaktheit jeder modernen naturwissenschaftlichen Erkenntnis aufnehmen kann?

Maharishi Patañjali war nicht nur ein großer Seher und Erleuchteter, sondern auch ein großer Wissenschaftler; anders wäre es nicht zu erklären, warum seine jahrtausendealten Formeln der Erleuchtung, richtig angewendet, bis heute ihre voraussagbaren Ergebnisse zeitigen.

Dahinter steht reines Wissen von der Funktionsweise der Naturgesetze und die Erfahrung, wie und wann diese Naturgesetze dem Menschen dienstbar gemacht werden können. Mit Philosophie oder gar Phantasie hat dies nichts zu tun. Mit jedem Schritt weiter in unserer Erkenntnis der Zusammenhänge des Kosmos hebt sich ein Schleier über dem, was früher nur als Wunder und Magie betrachtet wurde. Dies wird unserer Ehrfurcht vor der Schöpfung keinen Abbruch tun. Ganz im Gegenteil: Staunen und Andacht können nur zunehmen angesichts der Erhabenheit ewiger Gesetzmäßigkeiten, die zu erkennen dem menschlichen Bewusstsein seit Urzeiten geschenkt war.

Staunen aber auch über das menschliche Bewusstsein, das als Heimstatt aller Naturgesetze und als solches identisch mit dem von der Quantenphysik beschriebenen vereinheitlichten Feld aller Naturgesetze in der besonderen Lage ist, im Zustand tiefer Selbsterfahrung bzw. „Selbst-Rückbezogenheit" jene subtilste und höchst abstrakte Ebene der Natur zu tangieren, von wo aus das Naturgesetz in reiner Potenzialität seinen Ausgang nimmt.

Dass wir gerade in dieser Zeit die „Pforten der Wahrnehmung" sprengen und kollektiv zu diesem überaus raschen Entwicklungssprung in der Entfaltung unseres Potenzials ansetzen, sollte nicht verwundern. Denn auch die Wissenschaft ist mitten in einem Prozess des Phasenübergangs, der eine völlig neue Definition unserer Erkenntnisse vom Aufbau des Universums notwendig gemacht hat. Das veränderte wissenschaftliche Weltbild hat damit zu einem Verständnis höchst überraschender und, vom klassischen Standpunkt der Physik aus gesehen, völlig paradox erscheinender Phänomene der Natur geführt. Auch hier reagierte die Masse der Wissenschaftler zunächst gereizt und nur höchst widerwillig auf diesen „Umstülpungsprozess" unseres physikalischen Weltbildes.

Bleibt die Frage, ob wir uns noch weiter den Luxus leisten können, das völlig unausgeschöpfte Potenzial unseres Nervensystems zu ignorieren und damit den Fortschritt auf unserem Planeten entscheidend zu verzögern. Die wissenschaftlichen Erkenntnisse zum Phänomen „höheres Bewusstsein" sprechen eine Sprache, die klar genug ist, um alle Argumente der Vernunft und Logik zu befriedigen. Das Gleiche gilt für das Schweben.

Angesichts der immensen Fülle von Belegen zum Phänomen Levitation aus westlicher und östlicher Mystik und Hagiographie, völkerkundlicher Forschung und sogar Augenzeugenberichten bekannter Naturwissenschaftler und anderer bekannter Persönlichkeiten des 19. und 20. Jahrhunderts ebenso wie der überwältigenden Anzahl persönlicher Erfahrungsberichte zum „Fliegen" durch das TM-Sidhi-Programm muss das körperliche Freischweben des Menschen empirisch als gesichert angesehen werden.

Wissenschaftler der MERU haben über nunmehr fast zehn Jahre EEG-Untersuchungen an Ausübenden des TM-Sidhi-Programms gemacht. Es zeigte sich, dass die bereits während des TM-Programms auftretende Gehirnwellenkohärenz durch die Ausübung der TM-Sidhis noch verstärkt wird und sich auf alle Kanäle der Geist-Körper-Koordination ausbreitet. Dies gilt vor allem für die TM-Sidhi-Technik des „Fliegens". Maximale EEG-Kohärenz entspricht optimaler Geist-Körper-Koordination, die wiederum ihre subjektive Entsprechung in der Erfahrung reinen oder transzendentalen Bewusstseins hat.

Clements schreibt dazu: „Die enge Beziehung zwischen den Sidhi-Erfahrungen und einer hohen Kohärenz in einem weiten Spektrum des EEGs könnte bedeuten, dass die Kohärenz des gesamten EEG-Signals ein notwendiger Faktor für die Ausübung der Sidhi-Techniken ist. Die hohen positiven Korrelationen zwischen der Klarheit der Erfahrung des reinen Bewusstseins während der TM-Technik [...] und den Sidhi-Erfahrungen weisen auf zwei Interpretationsmöglichkeiten hin:

1. Die Stabilisierung reinen Bewusstseins ist eine notwendige Bedingung für die Erfahrung der Sidhis.

2. Die Erfahrung der Sidhis stabilisiert reines Bewusstsein, und dies wiederum führt zu verbesserter Koordination von Körper und Geist, das heißt letzten Endes zur Erleuchtung.

Das Gemeinsame dieser verschiedenen Erfahrungen ist, dass ein individueller Aspekt des Bewusstseins (ein Gefühl, eine körperliche Empfindung, ein Gedanke) überschritten und ein universeller Wert erreicht wird. Diese Erfahrungen und das damit verbundene Ansteigen der Gesamtkohärenz entsprechen Maharishis Aussage, dass der Zweck der Yoga-Sutras von Patañjali (die wörtlich übersetzt „Fäden der Einheit" bedeuten) darin besteht, Einheitsbewusstsein zu strukturieren, den höchsten Zustand der Erleuchtung, in dem alle Gedanken, Wahrnehmungen und Handlungen in Begriffen universalen Bewusstseins erfahren werden: „Das Selbst bewegt sich in sich selbst". [37]

44

Wir werden uns daran gewöhnen müssen, dass der Mensch zu mehr fähig ist als allgemein angenommen. Und wir werden, zu unserem eigenen Vorteil und zum Zwecke eines gesicherteren Friedens der Völker, gut daran tun, in uns selbst das latente Potenzial unseres Nervensystems freizulegen. Das Versprechen dieses Potenzials ist groß. Auch die Natur hat ihr „Krisenmanagement" zu Zeiten wichtiger Phasenübergänge, in denen wir uns gerade befinden. Es wäre jedoch kurzsichtig zu glauben, dass wir mit den herkömmlichen Mitteln eine entscheidende Wende auf unserem Planeten herbeiführen können.

Die Einführung eines völlig neuen Prinzips, welches die Transformation von innen her möglich macht, ist notwendig. Nur eine neue Saat kann eine neue Ernte bringen. Wenn dieses Prinzip allgemeine Anerkennung finden kann, wird der Erfolg voraussagbar sein. Warum sollten höhere Bewusstseinszustände als altes Erbgut unseres Bewusstseins nicht der Katalysator in diesem kollektiven Wandlungsprozess sein? Schließlich entfalten die TM-Sidhi-Techniken nicht nur „wunderbare" Kräfte, sondern entwickeln auch unsere allgemein akzeptierten und so bitter benötigten menschlichen Tugenden wie Freundlichkeit, Mitgefühl und Glück.

Die heutige Zeit stellt einen höheren Anspruch an unsere Menschlichkeit, weil die Unmenschlichkeit umfassender und das Chaos bedrohlicher geworden sind. Aber wie sollen wir eine neue Menschheit heranbilden helfen, wenn wir nicht selbst an die Wurzel unseres eigenen Selbst greifen? Wir selbst sind der neue Mensch im Zeitalter der Wandlung. Die Evolution ist in vollem Gange. Rund um uns herum erfüllt sich jeden Tag das Schicksal unserer Welt. Wollen wir „mit geschlossenen Augen" zusehen oder wollen wir teilnehmen, mitmachen, uns einbezogen fühlen in diesen gewaltigen Aufbruch zu einem neuen Erwachen der Völker? Dazu müssen wir zu uns selbst erwachen. Oder aber, wir entscheiden uns, wenn wir uns überhaupt entscheiden, Zuschauer dieses kosmischen Dramas der Transformation zu sein, und bleiben die ewig Leidtragenden der Ereignisse. Die Wahl liegt bei uns.

Der transformierte Körper

In „Art of the Dance" ersinnt Isadora Duncan einen vorbildlichen Tänzer, der den Körper in einen leuchtenden flüssigen Zustand verwandeln und ihn ganz der Inspiration der Seele überlassen kann. „Dieser [...] Tänzer versteht, dass der Körper durch die Kraft der Seele tatsächlich in eine leuchtende Flüssigkeit verwandelt werden kann. Das Fleisch wird leicht und transparent, so wie man es bei einer Röntgenaufnahme sieht – nur mit dem Unterschied, dass die menschliche Seele leichter als diese Strahlen ist. Wenn sie mit ihrer göttlichen Kraft völlig den Körper beherrscht, verwandelt sie ihn in eine leuchtende bewegte Wolke, und so kann sie sich selbst in ihrer vollkommenen Göttlichkeit manifestieren. Hier finden wir auch eine Erklärung für das Wunder des Heiligen Franziskus, der über das Meer wandelte. Sein Körper war nicht mehr so schwer wie der unsere, seine Seele hatte ihn so leicht gemacht." [38]

Was hier die dichterische Imagination am Beispiel eines Tänzers darzustellen versucht, haben Personen, die den Zustand der Schwerelosigkeit subjektiv oder auch objektiv erfahren haben, oft in ähnlichen Bildern beschrieben: Die Leichtigkeit des Körpers, das Gefühl, von einer ätherischen Substanz durchströmt oder das Ätherische selbst zu sein, das Gefühl, dass der Körper sich in Licht auflöst, das Empfinden bis hinein ins physische Element, dass etwas anderes als der Körper den Körper trägt und bewegt etc.

TM-Sidhi-Ausübende berichten, dass sie „sich in Licht gebadet" fühlen, dass man, überwältigt von der inneren Erfahrung, meint, „vor Helligkeit zu zerbersten, vor Helligkeit, die einen fast blind macht". [39]

Ausübende des TM-Sidhi-Programms berichten: „Das erste Mal geschah es völlig unerwartet, und ich hatte das Gefühl, nur noch

Zeit zu haben, Halt an meinen Knien zu finden, bevor ich anfing zu schweben. Ich war mir weder meiner Umgebung noch irgendetwas anderem bewusst. Ich hatte das Gefühl, dass ich durch schwarzen Raum flog und dass nichts anderes außer mir da wäre. Je länger ich nun übe, desto mehr bin ich mir sowohl meiner Umgebung als auch meiner selbst bewusst.

Ich erfahre nicht mehr bewusst den Moment des Abhebens, sondern wie ich in der Luft bin und wie ich wieder herunterkomme. Am Ende ist es dann so, als ob mein Körper eine klare Röhre sei und als ob ich eine Menge Dinge herausgeblasen hätte, sodass ich innerlich klarer bin – wie eine Säule, die mit Licht und einer besonderen Art von sehr klarer Luft sowie mit einem Gefühl übersprudelnder Freude erfüllt ist." [40]

„Ich fühle ein sehr zartes Strömen von Energie in mir, bevor ich zu schweben anfange. Und dann hebe ich sehr leicht, ohne jegliche Anstrengung ab. Der Körper wird dabei immer leichter und verwandelt sich in eine ätherische Substanz." [40]

Was ist es, was den menschlichen Körper unter bestimmten Bedingungen leicht und schwerelos macht? Die Frage stellt sich, wie wir gesehen haben, nicht nur im Hinblick auf die Levitation, sondern auf die allgemein-menschliche Erfahrung des Leichten und inneren Leichterwerdens. Könnte es sein, dass die Levitation nur das extreme Ende des Bogens darstellt, den wir täglich im Umgang mit unserem Körper zu immer neuen und veränderlichen Formen von Energie „anspannen"?

Jeder, der Sport treibt, kennt die Erfahrung, dass ein gesundes Leben und der Verzicht auf alltagsübliche Genussgifte den Körper agiler, dynamischer und gleichsam „bewusster" macht. Oft wird die sportliche Ertüchtigung geradezu gesucht, um das Erlebnis der Leichtigkeit und Freiheit von psychischer und physischer Schwere auszulösen. Der Langstreckenläufer Bill Emerton hatte nach einem 970 km-Lauf diese Erfahrung, wenn er berichtet: „Ich fühlte, als ob ich durch den Raum laufen und auf Wolken treten würde".

Und der Marathonläufer Ian Thompson erklärt: „Ich muss nur

daran denken, wie ich meine Laufschuhe anziehe und das körperliche Vergnügen des Schwebens ergreift mich." [41]

White und Murphy berichten in ihrem Buch „PSI im Sport", dass man Läufern einen Fragebogen gab und bei der Auswertung herausfand, dass wiederholt der Wunsch geäußert wurde, „schweben oder fliegen zu können". [41]

Sie erwähnen auch Jacques Cousteaus berühmte Tauchexperimente, über die Cousteau selbst sagt: „Anzuhalten und dazuhängen, mit nichts verbunden sein, keine Seile oder Luftröhren, die zur Wasseroberfläche gingen, war wie ein Traum. In der Nacht waren mir wiederholt Visionen des Fliegens gekommen, in denen ich meine Arme wie Flügel ausbreitete. Nun flog ich ohne Flügel." [42]

Sport scheint in besonderer Weise ekstatische Erfahrungen zu begünstigen. Aber was heißt überhaupt „ekstatische Erfahrung" oder „Rausch"? Sicherlich wäre es besser, von einem gesteigerten Erlebnis der „Einheit mit sich und der Welt" zu sprechen, einer Einheit, die inneres Glück, tiefempfundene Freude bis hin zu Seligkeit auslösen kann und unter deren transparenter Kraft sich unser Bild der „Wirklichkeit" für Momente verändert, erhebt, verklärt. Diese Körper, Geist und Sinne ergreifende Freude spült alles fort, was an psychischer oder physischer Bedrängnis und Erdenschwere zuvor Gültigkeit besaß, und überlässt den Erlebenden wie ein zur Ruhe gekommenes Boot auf einem spiegelglatten See für kostbare Augenblicke der überwältigenden Geborgenheit und Erfülltheit allen Seins. In diesen Augenblicken fallen die gewöhnlichen Grenzen, die den Menschen von sich selbst und seiner Welt trennen, und er erfährt in leib-geistiger Welt-Einheit das „Zeichen der Gnade", den überwältigenden Moment, wo er sich bis hinein in jede Körperzelle von einem „höheren Wissen" beseelt fühlt. Und dieses Wissen ist jenseits aller intellektuellen Schau, jenseits der gewöhnlichen Ich-Grenzen, weil es seiner Natur nach „transzendental" ist.

Eine faszinierende Begegnung zwischen Sport und Transzendenz stellt der „Lung Gom" oder das Trancelaufen gewisser tibetischer Lamas dar, bei denen es zu oft ans Wunderbare grenzenden Leistungen im völlig anstrengungslosen Dauerlauf über Hunderte von Kilometern kommen kann. Alexandra David-Neel berichtet über die offensichtliche Schwerelosigkeit dieser Priester-Läufer: „Er war nun nicht mehr weit von uns entfernt. Ich konnte deutlich sein unbewegliches Gesicht und seine weitaufgerissenen Augen unterscheiden, mit denen er fest auf irgendeinen hoch in der leeren Luft befindlichen Punkt zu blicken schien. Der Lama lief nicht. Er hob sich scheinbar bei jedem Schritt von der Erde und flog wie eine elastische Kugel sprungweise in die Höhe." [43]

Ein anderes Mal begegnet sie auf einer Reise einem Läufer, dessen ganzer Körper mit Ketten umwunden ist. Auf ihre Frage erklärt man ihr, dass die Lamas oft Ketten tragen, „um sich zu beschweren, denn ihre Übungen haben ihren Körper so leicht gemacht, dass sie schließlich Gefahr laufen, damit in der Luft zu schweben." [44] Andere versichern ihr, dass, wenn der Läufer „schon eine gewisse Entfernung zurückgelegt hat, seine Füße den Boden nicht mehr berühren und er mit fabelhafter Schnelligkeit durch den Raum dahingleitet." [45]

Über eine ähnliche Erfahrung berichtet Lama Anagarika Govinda, als er sich in Tibet nach einem langen Tag beeilte, ins Lager zurückzukehren, weil er, ohne Decken, fürchtete, in der Nacht zu erfrieren: „Die Dunkelheit war nun so vollständig, dass es mir nicht mehr möglich war, die Felsblöcke, die den Boden für die nächsten Meilen meines Rückwegs bedeckten, zu unterscheiden – und dennoch sprang ich mit nachtwandlerischer Sicherheit von Block zu Block, ohne ein einziges Mal mein Ziel zu verfehlen, auszurutschen oder meinen Halt zu verlieren – und dies, obwohl ich nur ein paar lose Sandalen […] an den Füßen trug. Plötzlich wurde mir bewusst, dass sich eine seltsame Kraft meines Körpers bemächtigt hatte, ein Bewusstsein, das nicht mehr von meinen Augen oder meinem Gehirn geleitet wurde, sondern von einem mir unbekannten „Sinn".

Meine Glieder bewegten sich wie im Trancezustand, als ob sie mit einem ihnen innewohnenden, von mir unabhängigen Wissen handelten. Ich beobachtete all das wie in einem Traum. Mein eigener

Körper erschien mir fern und nicht ganz zu mir gehörig, getrennt von meinem Willen. Ich empfand mich wie ein Pfeil, der unverwandt seine Bahn durchläuft, entsprechend seiner ursprünglichen Abschusskraft und Richtung. [...]

Ich war, ohne es zu wissen, unter dem Zwang der Umstände und einer unmittelbaren Gefahr in den Zustand eines Lung-Gom-Pa, eines Tranceläufers gefallen, der sich unbewusst aller Hindernisse und körperlicher Anstrengung seinem vorgesetzten Ziel entgegenbewegt und kaum den Boden berührt, sodass es einem entfernten Beobachter erscheinen könnte, als ob der Lung-Gom-Pa durch die Luft getragen würde und dicht über der Oberfläche der Erde dahinschwebe."[46]

Es ist im Rahmen unserer Betrachtung interessant, dass die bewusste Erfahrung unserer Grenzen oder auch nur eine innere Zielgerichtetheit und Anspannung der psychischen und physischen Kräfte bei vielen Menschen – auch ohne Levitationserfahrungen oder das Wissen um sie – mit Bildern des Schwebens und der körperlichen Schwerelosigkeit verbunden wird.

Wer kein Sportler ist, wird diese Erfahrung aus seinen Träumen oder aus anderen Erlebnissen bestätigt finden. Grenzerfahrungen, die oft mit dem Erlebnis von Glück und Erfülltheit verbunden sind, wollen auf die Körperebene projiziert werden und den Körper frei schweben lassen – oder aber auch umgekehrt: Die Leichtigkeit des Körpers vermittelt auch psychisch das Gefühl der Glückseligkeit und inneren Losgelöstheit von der Beschwernis des Alltags.

Vermutlich wird eine Wissenschaft der nicht allzu fernen Zukunft die Biochemie und Neurophysiologie der subjektiven und auch objektiven Schwerelosigkeit des menschlichen Körpers nachweisen können. Die meistversprechenden Ansätze hierfür – wie wir bereits andeuteten – finden sich bei den Wissenschaftlern der MERU und der ihr angeschlossenen Forschungsinstitute. Diese Forschung wird möglicherweise in absehbarer Zeit in der Lage sein, sämtliche objektiven Kriterien, welche für die Erfahrung der Levitation notwendig sind, in Begriffen der Naturwissenschaft zu beschreiben;

und sie wird auch sämtliche anderen Begleiterscheinungen höherer Bewusstseinszustände objektiv messbar und erklärbar machen. Durch die von Maharishi Mahesh Yogi vorangetriebene Begegnung der „exakten Wissenschaften" mit der Vedischen Wissenschaft, der Wissenschaft des Subjekts, sind bahnbrechende Erkenntnisse zu diesem Bereich für die nächsten Jahrzehnte zu erwarten.

Aber auch ohne die exakte Beschreibung der Wissenschaft ist das Phänomen Levitation verstandesmäßig fassbar und braucht darum nicht in das Nebelland des Phantastischen oder in die Esoterik verdrängt werden. Wer von seiner eigenen Erfahrung ausgeht oder wer auch nur mit wachem Geist die Welt beobachtet, kann sicher sein, dass er dem von der Natur vorprogrammierten Evolutionsschritt in Richtung auf eine Beherrschung grundlegender Naturgesetze, inklusive der Gravitationskraft, in feinsten Ansätzen täglich ausgesetzt ist. Die Zunahme des Themas Levitation innerhalb des Mediums Film der jüngsten Zeit ist ein Beispiel für dieses Phänomen wachsenden gesellschaftlichen Interesses an höheren Bewusstseinsformen und ihren faszinierenden Begleiterscheinungen.

Unsere Gesellschaft, die unter dem Zeichen der Phasentransformation steht, ist eine „Übergangsgesellschaft", die gleichsam janusköpfig in zwei entgegengesetzte Richtungen blickt. Auf der einen Seite geht der Blick hin zum Alten und Vertrauten, den Maßstäben und Prinzipien von gestern, die noch Reste von Sicherheit und Identität versprechen. Auf der anderen Seite aber regt sich der Zweifel an einer Welt, die mehr Sand als Öl im Getriebe hat und die so gar nicht den Vorstellungen einer idealen Völkerfamilie entspricht.

Gesellschaftskritik und „Unbehagen an der Kultur" ist nicht mehr nur ein „Hobby" der Unzufriedenen, sondern jeder fühlt sich heute betroffen und leidet unter dem „Riss der Zeit", die es schwer macht, an das Alte zu glauben und die das Neue noch nicht zur Blüte gebracht hat. C. G. Jung hat diese Zeit eines zu Ende gehenden Jahrtausends mit Schrecken vorausgesehen, andere haben aus der

Erfahrung dieses von Kriegen und Katastrophen erschütterten Jahrhunderts düstere Zukunftsprognosen und apokalyptische Visionen gezeichnet, die – wenn man ihnen glauben möchte – das Überleben der Menschheit höchst fragwürdig erscheinen lassen.

Aber wir müssen lernen, die Zeichen der Zeit richtig zu deuten. Hinter dem scheinbaren Chaos entsteht der neue Kosmos, das heißt eine Ordnung, die nicht mehr nur ein bloßes „Zurechtrücken" des Alten bedeutet, sondern völlig neue Lebensprinzipien und -erfahrungen vermitteln wird. Wir können davon ausgehen, dass wir – bei richtiger Einschätzung unserer Lage – einer Zeit entgegengehen, die ein noch nie dagewesenes Gefühl körperlicher, geistiger und seelischer Freiheit für den Menschen bereithält, aus der heraus wir die drängendsten Probleme des Einzelnen und der Gesellschaft in weniger als einer Generation lösen können. Das Einzige, was dazu nottut, ist die Entfaltung des ganzen Menschen, das uneingeschränkte Ja zum Evolutionsplan, der uns durch unser Nervensystem mit dem feinsten und komplexesten Instrumentarium der Natur ausgestattet hat.

Dieses Wunderwerk der menschlichen Neurophysiologie ist in der Lage, die Gesetzmäßigkeiten und Ordnungsstrukturen des Kosmos in seinen feinsten Bausteinen widerzuspiegeln und im Reflektieren dieser Ordnung Kosmisches Bewusstsein für jeden Menschen zu entfalten, Glückseligkeitsbewusstsein, in welchem der Einzelne auf der Grundlage perfekter Geist-Körper-Koordination seine Individualität und persönlichen Anlagen zu voller Blüte bringen wird.

Dies ist mehr, als wir uns in einem Alltag voller Stress und Problemen zu erträumen wagen. Aber gerade Stress und Überlastungen sind die Faktoren, die es zu bewältigen gilt, damit wir in den Genuss der wahren Freiheit von Körper und Geist kommen können. Die moderne Stressforschung, die seit ihrem Begründer Professor Hans Selye zu einer komplexen Wissenschaft geworden ist, rückt nicht umsonst zunehmend in das Zentrum der Humanwissenschaften.

Wir haben verstanden, dass wir „stressfreier" leben müssen, damit wir uns unsere Träume von einer besseren Welt und von mehr persönlichem und gesellschaftlichem Glück erfüllen können. Hat je eine Generation so viel über individuelle und kollektive Gesundheit bzw. Krankheit nachgedacht und geforscht wie die unsrige?

Wenn der Patient kränkelt, dann ist es gut, dass er sich seiner Situation bewusst ist. Und es ist gut, wenn er den größten Heiler – nämlich die Natur – zu Rate zieht, um wieder zu gesunden. Die Ausbildung und Harmonisierung unserer seelischen Kräfte wird dabei der ausschlaggebende Faktor sein, weil – wie jeder heute weiß – Krankheit von „innen" entsteht und die Krankheitssymptome nur der „äußere" Katastrophenalarm für das Zusammenbrechen einer inneren Ordnung sind.

Alles, was diese innere Ordnung aufzubauen bzw. zu verstärken hilft, ist direkter Dienst am Körper und damit Dienst am Einzelnen und der Gesellschaft. Machen wir uns doch keine Illusionen: Das ganze Thema Meditation, wie es hier angesprochen ist, ist doch vor allem das Thema körperlicher Gesundung, ausgelöst durch geistseelische Kohärenz und Harmonie. Ich bezweifle, dass es überhaupt einen Meditierenden gibt, der nicht bemerkt, dass die tiefe geistige Ruhe, die ihm die Maharishi-Technologie des Vereinheitlichten Feldes verschafft, ganz direkt und konkret tiefste körperliche Folgen hat. Besser noch: Er wird Zeuge einer tiefgreifenden inneren Verwandlung, die den gesamten Körper mit umfasst, und die er „bis in die Haarspitzen und Fingernägel" miterlebt.

Die wissenschaftliche Forschung zu diesem Thema spricht eine eindeutige Sprache. Es ist heute z. B. erwiesen, dass die Maharishi-Technologie des Vereinheitlichten Feldes auf natürliche Weise Nikotin- und Alkoholmissbrauch reduziert und beseitigt, ebenso den Medikamenten- und Drogenmissbrauch. Außerdem wird sie als hervorragende Therapie gegen Schlaflosigkeit und andere vegetative Störungen eingesetzt; sie bildet eine wirkungsvolle Präventiv- und Behandlungsmaßnahme gegen die wichtigsten kardiovaskulären Risikofaktoren wie Bluthochdruck, erhöhte Blutfette,

Übergewichtigkeit und Stress, verursacht eine Umkehrung des Alterungsprozesses und verlängert damit erheblich die individuelle Lebenserwartung.

Was hat dies alles mit Levitation zu tun? Wie bereits angedeutet, führt das Erlernen bestimmter psychophysiologischer Techniken zu einer beschleunigten Harmonisierung des inneren Gleichgewichts im Menschen, wobei gerade der Körper zum wesentlichen Schrittmacher der Transformation wird. Das Erlernen der TM-Sidhi-Techniken, zu denen auch die Levitation gehört, beinhaltet darum in allererster Linie ein „Wegräumen von Hindernissen" auf dem Weg, der uns zu einer vollen Entfaltung unseres Potenzials führen soll. Psychophysiologisch ist es berechtigt, diese Hindernisse als Stress oder Verspannungen im Körper zu bezeichnen, denn sie beeinträchtigen den freien Energiefluss im Körper, verhindern den Informationsaustausch auf den feinsten Ebenen des neurologischen Geschehens und schwächen damit den gesamten Organismus.

Der verstresste und verspannte Mensch ist letzten Endes innerlich derartig „verknotet", dass der größte Teil psychischer Energien darauf verwendet werden muss, diese „Knoten" zusammenzuhalten. Zugegebenermaßen ein vereinfachtes Bild für einen komplexen Zusammenhang – aber es stimmt. Ohne die „Hindernisse", das heißt ohne Stress, der wie endloser schwarzer Schotter auf dem Weg liegt, müsste jeder Mensch auf ganz natürliche Weise in sich ruhen und vollkommene Harmonie ausstrahlen bei gleichzeitiger höchster geistiger Dynamik und Kreativität.

Um im Thema zu bleiben: Ohne Hindernisse müsste er naturgemäß levitieren können, weil der stressfreie Körper auf der Grundlage optimaler Geist-Körper-Koordination den feinsten Willensimpuls spontan realisiert, nicht anders als wie ein Virtuose spontan die wunderbarsten „Griffe" auf seinem Instrument realisiert, weil er – sensitiv ausgebildet und künstlerisch gereift – den feinsten Bewusstseinsimpuls fast am Rande des Unbewussten in motorische Bewegung zu übersetzen gelernt hat.

Als der kühne Weltenwanderer Dante Alighieri in seiner berühmten Divina Comedia an der Spitze des Purgatorios, des „Läuterbergs", angekommen ist und plötzlich zu schweben beginnt, ist er verwundert über diese plötzliche Verwandlung. Beatrice, seine Begleiterin, die ihm den Weg weist, gibt ihm eine Erklärung, die in ihrer Einfachheit alles sagt:

> *„Dass du emporsteigst, darf dich, möcht ich glauben*
> *Nicht mehr verwundern als der Lauf des Bächleins*
> *Das talwärts fließt von einem hohen Berge;*
> *Zu wundern wär an dir, wenn du, entbunden*
> *Von Hindernissen, drunten bleiben würdest,*
> *Wie Feuer, das am Boden stille hielte."*
> *Dann wandte sie ihr Antlitz auf zum Himmel.* [47]

„Zu wundern wär an uns, wenn wir, befreit von Stress, doch unten bleiben würden", könnte man paraphrasieren. Ganz gewiss zu wundern hätten wir uns, wenn wir uns nicht um ein paar schwere Kilogramme erleichtert fühlen würden nach einem getanen „Bad" im Ozean des Bewusstseins via Meditation. Jeder etwas fortgeschrittene Kenner der Materie kennt das feine Prickeln der Zellen, das den ganzen Körper erfasst, wenn er in die weniger angeregten Bereiche seines Bewusstseins taucht, und das so sehr verbunden ist mit dem inneren Leichterwerden von allem „Gepäck" des Tages oder der Nacht. Die Zelle „singt", könnte man fast poetisch sagen; das freie und beschwingte Erklingen der inneren Körpermelodie signalisiert den Einklang mit dem Mikrokosmos des Seins, Abbild und Ebenbild des Makrokosmos und seiner „Sphärenharmonie". Der Tonus regt sich, der Ton des Körpers, der dem „Gesang der Stille" entsteigt und der aus dem tiefsten Grund der Einheit mit uns selbst das Paradox der Ent-Spannung schafft, die gleichzeitig eine An-Spannung des „Bogens" unseres Geistes und Körpers ist, von dem der Pfeil der Gedanken nach „getanem Nicht-Tun" sicher und spontan zum Ziele schnellt.

„Gestern Abend sah ich bei der Versammlung einen Yogi, der mehrere Fuß hoch über dem Boden schwebte", erzählt ein Freund dem berühmten Yogi Paramahansa Yogananda, der über den „schwebenden Heiligen" Bhaduri Mahasaya in seiner Autobiographie berichtet. Den neugierigen Frager klärt Yogananda auf, indem er ihm sagt: „Der Körper eines Yogi verliert bei der Anwendung bestimmter Pranayamas (Atemübungen) seine grobstoffliche Beschaffenheit. Dann ist er in der Lage zu schweben oder wie ein Frosch umherzuhüpfen. Selbst Heilige, die keine Yogatechniken üben, haben sich bekanntlich im Zustand tiefer göttlicher Hingabe vom Boden erhoben." [48]

In der Tat wird immer wieder im Verlauf der Levitationsbeschreibungen auf die „Verwandlung" des Körpers hingewiesen, wobei bestimmten Techniken die Aufgabe zufällt, diese Verwandlung zu beschleunigen. In der alten vedischen Literatur taucht in diesem Zusammenhang immer wieder der Begriff des *Soma* auf, einer körpereigenen Substanz, die sich entwickelt, wenn der Mensch in Harmonie mit dem Naturgesetz zu leben beginnt. Berühmt sind die Gesänge des 9. Mandalas des Rig-Veda, der ältesten Quelle reinen Wissens, in denen Soma in feierlicher Weise von den Rishis, den Sehern der Vorzeit, besungen wird und als der Mittler zwischen Himmel und Erde gilt, der den Menschen zu „doppeltem Reichtum", nämlich der irdischen und himmlischen Fülle, führt.

Die archetypische Symbolsprache des Soma-Mandalas des Rig-Veda enthält in verschlüsselter Form die Beschreibung des psychophysischen Wandlungsprozesses im Menschen, der sich durch die Anwendung der zeitlosen Erleuchtungstechniken der Rishis bis heute in jedem Menschen abspielen kann. Maharishi Mahesh Yogi bezeichnet Soma als die „Bindesubstanz des Universums". Sie „erhält das ewige Kontinuum reiner Existenz, das Feld reiner Potenzialität, den unmanifesten, absoluten Zustand des Lebens. Im Prozess der Aufrechterhaltung des ewigen Kontinuums des Unmanifesten drückt sich Soma als unmanifeste Raum-Zeit-Geometrie aus und wird so der Ursprung der manifesten Raum-Zeit-Geometrie, die von Einstein als die Grundlage aller manifesten Schöpfung ans Licht gebracht wurde.

Indem Soma seinen Status an der Öffnung zwischen dem sich nicht verändernden Unmanifesten und dem sich immer verändernden Manifesten aufrechterhält, gibt es der Veränderung eine evolutionäre Richtung und erhält auf diese Weise gleichzeitig das Kontinuum des sich ständig verändernden relativen Lebens. Soma kann als eine Art flüssiger Substanz oder als ein Impuls kreativer Intelligenz verstanden werden, der Körper und Geist, körperliche Existenz und Bewusstsein, verbindet. Es ist der Fluss reinen Somas, der das perfekte Funktionieren von Geist und Körper organisiert. [...] Es ist uns eine Freude, herausgefunden zu haben, dass dieses Soma aus alter Zeit, aus dem Rig-Veda, eine Wirklichkeit unseres wissenschaftlichen Zeitalters ist und nun der ganzen Menschheit zugänglich gemacht wird, um die neue Ära einer idealen Gesellschaft einzuleiten und dem Zeitalter der Erleuchtung Dauer zu verleihen." [49]

Mit hoher Sicherheit besteht ein Zusammenhang zwischen der Entwicklung von Soma und der bei allen Ausübenden des TM-Sidhi-Programms auftretenden bereits erwähnten hohen EEG-Kohärenz. Könnte es sein, dass der „geläuterte Soma" in seiner Rolle als „Mittler zwischen den Welten" jene Substanz ist, der die Hauptaufgabe zufällt, den Körper zu „vergeistigen" und den Geist zu „verkörperlichen"? Dass er jenes geheimnisvolle kosmische Substrat ist, welches, genau an der Nahtstelle zwischen Materie und Energie stehend, den Symmetriebruch des vereinheitlichten Feldes in Materie- und Energiefelder „noch nicht mitgemacht hat" und darum gleichermaßen an beiden „Welten", der stofflichen und der geistigen, teilhaben kann und sie darum zusammenzuführen vermag?

Dann wäre verständlich, warum seit alters das Fliegen als die „königliche" Ertüchtigung bei den Yogis angesehen wurde, denn im Fliegen „schließen sich die Welten zusammen", Himmel und Erde, Geist und Stoff, unmanifestes Sein und manifestes Leben verbinden sich in einem gewaltigen symbolischen Akt, in dessen Brennpunkt der Mensch als „Krönung der Schöpfung" steht. Dann wäre das Phänomen des körperlichen Fliegens auch physiologisch fassbarer, weil Soma jener „Saft der Natur" wäre, der das innere Schwingungsfeld des Körpers vergrößert und durch diese modifizierte Schwingung gleichsam ein „Loch" in das Gravitationsfeld treibt, durch das der Körper schwerelos reisen kann. Eine Biochemie und Neurophysiologie der Erleuchtung, wird schließlich eine Quantenphysik höherer Bewusstseinszustände ans Licht bringen, die uns die Geheimnisse der Natur in Bezug auf unser eigenes Selbst zu lösen helfen wird.

Noch einmal mit Blick auf die Praxis: Rein von der persönlichen Erfahrung her betrachtet sind die Levitationsübungen eine ausgezeichnete Vorbereitung für eine dynamische und problemlose Aktivität. Das gesamte TM-Sidhi-Programm ist so angelegt, dass es dem Ausübenden erlaubt, die Stille des reinen Bewusstseins, die ihm während der Übung zufließt, „mit nach draußen zu nehmen". Die Folge davon sind unter anderem erhöhte innere Entspanntheit, größerer Ideenreichtum, höhere Motivation und ein harmonisches Gefühlsleben.

Der „winzige Trick der Natur", in einem Bereich tiefster gedankenloser Stille zu lernen, bewusste und gerichtete Gedankenimpulse zu setzen, genügt, um während der Aktivität diese Stille aufrechtzuerhalten, sodass die Handlungen energievoller, bewusster und damit zielgerichteter ablaufen können. Der mit Stille „geladene" Geist ist nach einer TM-Sidhi-Übung derart erfrischt, dass er vor Lebendigkeit geradezu vibriert und alle Dinge, mit denen er in Berührung kommt, spontan erfassen und optimal nutzen kann.

Die sprühende Vitalität von Körper und Geist, die auf diese Weise gewonnen wird, zeigt, dass eines des größten Geheimnisse der Evolution darin liegt, die beiden „Lebenshälften" von Sein und Werden, von Stille und Tat, miteinander zu verbinden, damit der „sphairos", das heißt die Kugelgestalt entstehen kann, die den aus der kosmischen Ganzheit lebenden Menschen bezeichnet.

Das Rezept ist uralt und einfach wie alles, was die Natur „erfunden" hat: Gehe in den Bereich der absoluten Stille zur Ebene der geringsten Anregung des Bewusstseins, indem du erlaubst, dass sich die mentalen Fluktuationen schrittweise glätten und der Geist zur feinstmöglichen Ruhe kommt. Sobald dies erreicht ist, erlaube dem Geist aus dieser Stille heraus, in gerichteten Impulsen aktiv zu sein. Das ist alles. Den Rest besorgt die Natur.

Denn wer auf feinsten Bewusstseinsebenen gelernt hat, den Gegensatz von Stille und Tat miteinander zu versöhnen, der ist auch „an der Oberfläche des Bewusstseins" in der Lage, maximale Stille in die Handlung und maximale Dynamik in die Stille einfließen zu lassen. Das ist das ganze Geheimnis der Sidhis oder „höheren Fähigkeiten" unseres Bewusstseins, die nichts anderes als die Vervollkommnung (Sanskrit Sidhi) dieser Kunst der Ganzheit darstellen. Laotses 48. Spruch aus dem Tao Te King beschreibt genau diesen Prozess, wenn er sagt:

„Mindern und abermals mindern
Führt dich zum Ohne-Tun
Sei ohne Tun
Nichts, was dann ungetan bliebe."

Wer dieses Geheimnis der Evolution verstanden hat, weiß auch, warum es sich auszahlt, täglich Übungen zum Erlernen des „Fliegens" zu machen. Denn was hier geschieht, ist nichts Geringeres, als den Körper mit in den oben geschilderten Prozess der Begegnung von Stille und Tat miteinzubeziehen. Die gewonnene psychophysiologische Entspannung wird dadurch um ein Vielfaches gesteigert, gleichzeitig setzt aber ein intensiver spontaner Lernprozess auf den feinsten Ebenen der Geist-Körper-Koordination ein. Das Ergebnis dieses „neurophysiologischen" Lernens ist, dass mit noch größerem Erfolg feinere und darum energievollere Ebenen des Bewusstseins inmitten dynamischer und anspruchsvoller Aktivität auch nach der Übung erhalten bleiben.

Damit übersteigt das TM-Sidhi-Programm die Wirkungen des „bloßen" Transzendierens im Kontakt mit subtileren Bewusstseinsebenen während der „einfachen Meditation". Stille und Tat fließen auf noch spontanere Weise ineinander und bereichern sich gegenseitig. Das Ergebnis ist ein größeres Ausschwingen des Pendels kreativer Momente in der Aktivität bzw. ein Gewinn an innerer Dynamik verbunden mit wachsender Freude, das gewonnene innere Gleichgewicht dem „Wind der Tat" auszusetzen. Die innere und äußere Lebensqualität steigt dadurch spontan an; die Aktivität erhält einen zuvor nie erreichten „Genusswert".

Das psychophysiologische Tiefentraining des TM-Sidhi-Programms mit seinen Levitationsübungen ist im Gesamtbereich meditativer Praxis ein noch nicht dagewesener Vorstoß in Richtung auf eine volle Nutzung unseres menschlichen Potenzials. Die philosophisch beschriebene „Versöhnung der Gegensätze" von Geist und Stoff, Sein und Werden, Stille und Tat wird in diesem Programm durch seine ganzheitliche Einbeziehung von Körper und Geist und die dadurch beschleunigte Gesundung und Vervollkommnung des gesamten psychophysiologischen Systems zu einer lebendigen, praktisch erfahrenen Wirklichkeit des täglichen Alltags. Hätte man sich eine besser gelungene Synthese der „Wissenschaft vom Sein" mit der „Kunst des Lebens" vorstellen können?

Die kosmische Psychophysiologie, die eine Wissenschaft des „Werdens" ist, wird uns neue Anschauungsformen und andere Verhaltensmuster gegenüber den Begleiterscheinungen der evolutionären Prozesse lehren. Bislang scheint der Zugang nur frei für einen „Blick durch das Schlüsselloch". Aber auch durch ein Schlüsselloch fällt schon ein Lichtstrahl. Und dieses Licht ist das Zeichen eines rasch wachsenden Interesses des Menschen an umfassender leibseelischer Gesundung. Im Sanskrit steht für das Wort „Gesundheit" der Begriff „svastya", der soviel wie „fest gegründet im eigenen Selbst" bedeutet. Wer diese Gegründetheit in sich selbst erreicht, ist gegen Krankheit gefeit. Denn das Selbst ist seinem Wesen nach ganzheitlich. „Im Selbst fest gegründet zu sein bedeutet, dass man in der Ganzheit des Lebens unerschütterlich verankert ist. Gesundheit bedeutet deshalb: Besitz des Selbst. Wer das Selbst besitzt, den kann man deshalb als gesunden Menschen bezeichnen. [...] Wer sein praktisches Alltagsleben von jener Ebene aller Möglichkeiten

60

auslebt, ist ein gesunder Mensch." [50]

Die Gesundung von Individuum und Gesellschaft ist eine dringende Notwendigkeit. Sie wird aber nur glücken, wenn es uns gelingt, die ordnenden Kräfte der Natur für unser eigenes Schicksal und die Zukunft unserer Gesellschaft zu nutzen. Die Gesundung des Einzelnen ist eng mit der Gesundung der gesamten Menschheit verknüpft.

Wenn vollkommene Gesundheit bedeutet, dass nirgendwo Schwäche herrscht, weder auf der Ebene des Körpers noch auf der Ebene des Geistes noch auf der Ebene der Umwelt, dann umfasst Gesundheit auch alle Komponenten im sozialen Raum wie Frieden und Freiheit sowie materielle und geistige Erfüllung. Aus dieser Logik heraus kann nur eine ideale Gesellschaft echte Gesundheit für jeden Einzelnen verwirklichen.

Wir wissen heute, dass eine vollkommene Beseitigung aller Schwachpunkte im psychophysiologischen System des Menschen möglich ist, und dass dieser Zustand vollkommener Gesundheit seit alters mit dem Begriff der „Erleuchtung" beschrieben worden ist. In einem solchen Zustand herrscht perfektes Gleichgewicht zwischen Körper und Geist, das heißt vollkommene Koordination auf den subtilsten Ebenen aller Funktionen. Ein solcher Zustand ist in der Lage, eine Physiologie aufrechtzuerhalten, die körperlichen Verschleiß nicht mehr kennt und die potenziell unsterblich ist.

Für viele Wissenschaftler unserer Generation ist der Tod auf fehlerhafte genetische Veränderungen in der Zellstruktur unserer Spezies zurückzuführen. Eine logische Notwendigkeit besitzt der körperliche Verfall jedoch nicht. Wenn der Tod keine absolute Notwendigkeit besitzt, warum altert dann der Mensch? Auf der internationalen Konferenz „Wissenschaft, Bewusstsein und der menschliche Alterungsprozess" 1980 in Seelisberg/Schweiz betonte der Physiologe Keith Wallace: „Wir sind weit davon entfernt, einer absoluten, vorprogrammierten Lebensspanne unterworfen zu sein, deren Grenze wir nicht überschreiten können. In der Biologie ist Unsterblichkeit keineswegs die Ausnahme, sondern die eigentliche

Antriebskraft hinter allen biologischen Organismen."

Der Physiker Geoffrey Clements von der MERU wies während derselben Konferenz darauf hin, dass „ein Anhalten oder gar eine Umkehrung des Alterungsprozesses mit grundsätzlichen Veränderungen in der Funktionsweise des gesamten physiologischen und psychischen Systems verbunden sein muss. Diese Veränderungen werden durch die Entwicklung höherer Bewusstseinszustände möglich gemacht."

Untersuchungen an Teilnehmern des TM- und TM-Sidhi-Programms zeigten bereits Ende der siebziger Jahre eine signifikante Abnahme der dem Alterungsprozess zugeordneten Charakteristika wie Starrheit der körperlichen Homöostase, Instabilität in den Reaktionen, Desintegration zwischen physiologischen Systemen, intra- und extrazelluläre Ablagerungen von Stoffwechselprodukten und Wachstumsstillstand. Damit war erwiesen, dass die fünf Haupteigenschaften des Alterungsprozesses, nämlich Starrheit, Instabilität, Desintegration, Vergiftung und Stillstand bei Ausübenden der Maharishi-Technologie des Vereinheitlichten Feldes als rückläufig gelten müssen.

Aufbauend auf diesen Erkenntnissen führten Wallace und andere Testserien an TM-Ausübenden durch, um die Wirkung dieses Programms auf den Alterungsprozess noch genauer zu bestimmen. Sie benutzten dazu Morgans „Adult Growth Examination", ein Testverfahren, welches verlässliche Daten über die Beziehung zwischen biologischem und chronologischem Alter bietet. Das Ergebnis ihrer Untersuchungen zeigte, dass Personen mit einem Lebensalter zwischen 40 und 64 Jahren bei einer durchschnittlichen TM-Praxis von drei Jahren im Schnitt um fünf Jahre, und bei einer durchschnittlichen TM-Praxis von sieben Jahren im Schnitt um zwölf Jahre biologisch jünger waren als ihr chronologisches Alter.

Die Ausbildung höherer Bewusstseinszustände hinterlässt nachweisbare Spuren im Körper, die sich in Form von Verjüngung und Langlebigkeit ausdrücken. Wer sein Leben im Einklang mit dem Naturgesetz lebt, hat eine höhere Lebenserwartung. Die Logik leuchtet ein. Da der Mensch selbst ein Ausdruck des Naturgesetzes ist, führt jede Handlung, die nicht völlig in Übereinstimmung mit dem Naturgesetz steht, unvermeidlich zu Störungen und Schwächungen (Stress) im physiologischen System. Stress und Verlust des biologischen Gleichgewichts führen ihrerseits zu weiterer Verletzung des Naturgesetzes, was zu erneuter Schwächung des Systems führt. Dies ist der Teufelskreis des Alterungsprozesses.

Solange Ärzte, Therapeuten, Gerontologen und Physiologen sich auf die rein physiologische Seite der menschlichen Existenz beschränken, wird Gesundheit auch weiterhin nur als Abwesenheit von Krankheit definiert werden. Erst eine Medizin der ganzheitlichen Entwicklung, die primär eine Vorbeugemedizin ist, wird in der Lage sein, vollkommene Gesundheit in unserer Gesellschaft zu verwirklichen. Eine solche Medizin muss dem Bereich der Bewusstseinsentwicklung den vordersten Platz einräumen.

Fragt sich, ob unsere Gesellschaft bereits so unheilbar krank ist, dass das natürlichste aller Heilmittel, nämlich unser eigenes Selbst, das zum „Greifen nahe liegt", gar nicht mehr in den Heilplan der verirrten Geister aufgenommen wird. Ist die „abendländische Schicksalsneurose" (Gottfried Benn) vorprogrammiert, sodass wir einer Automatik des Niedergangs und Verfalls ausgesetzt sind? Die Pessimisten mit ihren Daten aus Druckerschwärze und Holocaust ertüchtigen sich täglich in der Anheizung geistiger Fegefeuer für eine ohnehin angst- und stressgeplagte Menschheit. Ist die Schicksalsentscheidung „Abgrund oder Zukunft" vielleicht auch eine Frage der Information und des gesunden Menschenverstandes?

Die Möglichkeit der Entfaltung des vollen menschlichen Potenzials ist eine Nachricht, die sich lohnt, „von den Dächern geschrien zu werden". Aber merkwürdig: Sie findet kein Echo in den schwarzen Trompeten der Unheilsgeister. Vielleicht ist ihr Weg in die Gesellschaft ein anderer. Vielleicht muss das „Wunder der Wunder" durch die „Hintertür" in unser Leben eintreten, ganz privat, ganz leise auf Zehenspitzen, ganz unmerklich.

Das TM- und TM-Sidhi-Programm ist heute in der Lage, eine

gesellschaftliche Transformation in die Wege zu leiten, aus der eine fundamentale und dauerhafte Heilung unserer zerrissenen Welt möglich wird. Dazu ist es lediglich notwendig, praktisch, unvoreingenommen und verantwortlich auf das Angebot der Weisheit der Natur zu reagieren. Aggressionen, Hass, Gewalt und Ungerechtigkeit sind Stacheldrahtzäune, die durch unser eigenes Herz gehen. Und wir können uns nicht mehr erlauben, so zu tun, als hätten diese Stacheldrahtzäune nicht etwas ganz persönlich mit uns selbst zu tun.

Die Entwicklung eines gesunden Menschen und die Verwirklichung einer idealen Gesellschaft sollte nicht durch Kleinmut und Starrheit verhindert werden. Die „Operation Bewusstsein" ist der Schlüssel für den „Garten des Menschlichen", der uns die Fülle der evolutionsgewollten Freiheit Kosmischen Bewusstseins zur täglichen Wirklichkeit werden lassen wird. Hier ist das Mittel, um Negativität in Optimismus, Schwermut in Kreativität, geistiges, physisches und soziales Elend in einen Aufschwung zu ungeahnter Freiheit zu verwandeln. Im Bündnis mit dem Naturgesetz sichert sich die Menschheit ihren „Platz an der Sonne" und kann sich in dieser Generation eine Welt erschaffen, in die es sich lohnt, geboren zu werden.

Wer die machbare Utopie dieses Augenblicks aus dem tiefsten Wunsch seiner Seele nicht verwirklichen will, hat auf Scheitern statt auf Sieg gesetzt und kann nur die Früchte seines eigenen Pessimismus ernten. Die Tragödie des Homo Sapiens ist umkehrbar in einen Sieg ohnegleichen, wenn wir nur wollen, nur erkennen wollen, wenn wir es nur ehrlich meinen mit uns selbst.

Gruppenfliegen – Superstrahlung und Kohärenz

Der bekannte Psychologe William James pflegte in seiner Studentenzeit zu sagen: „Auch wenn der ungebildetste Eskimo in der Arktis Leid oder Unglück erfahren würde, müsste unweigerlich, wenn auch unbewusst, jedes andere Wesen auf diesem Planeten davon berührt werden." [51]

James war der Überzeugung, dass das Schwergewichtszentrum der Erde bereits gestört wäre, sobald man nur den kleinsten Kieselstein von seinem ursprünglichen Platz entfernen würde. So überspitzt dies klingen mag, so hat diese Schau doch etwas Wahres und kann im Übrigen von den modernen naturwissenschaftlichen Erkenntnissen bestätigt werden. Die Wissenschaft tendiert heute in wachsendem Maße dazu, alle Phänomene der Natur in eine Ganzheit eingebettet zu sehen, von der alles Existierende seinen Ausgang nimmt.

In der Supergravitationstheorie der Quantenphysik wird dieser „Grundzustand" der Natur als „vereinheitlichtes Feld aller Naturgesetze" bezeichnet. Gemäß diesen Erkenntnissen geht der gesamte Bereich von Materie- und Energiefeldern aus diesem unmanifesten Feld durch „sequentielle spontane dynamische Symmetriebrechungen" hervor. Dieses Feld ist die Ebene „der geringsten Anregung" des Universums. Maharishi Mahesh Yogi, selbst Physiker, erklärt:

„Die Physik, eine Wissenschaft, die sich mit der manifesten Schöpfung befasst, hat entdeckt, dass alles Schwingung ist – einfach Wellen von Aktivität. An der Basis dieser Aktivität, so sagt uns die Physik, ist ein Bereich geringster Anregung. Hier – im ewigen Schweigen, in dem Zustand der geringsten Anregung – findet die Physik die Totalität aller Schwingungen; sie findet den unmanifesten Wert an der Grundlage aller Ausdrucksformen der Manifestation.

Großartige, gigantische Manifestationen gibt es – die Bewegung weit ausgedehnter Galaxien im Universum – und all dies entspringt dem Zustand der geringsten Anregung." [52]

Ein wesentlicher Aspekt dieses vereinheitlichten Feldes ist seine – wie die Physik sagt – „unendliche Korrelation" oder „unendliche Wechselwirkung". Diese Vorstellung besagt, dass auf der Ebene des Feldes alles mit allem verbunden ist, dass nichts isoliert existiert, sondern dass jedes kleinste Teilchen durch „Selbst-Rückbezug" zu seinem Ursprung mit allem interagiert.

Genau hier muss das Verständnis ansetzen, um ein Phänomen zu verstehen, das in den letzten Jahren wiederholt in aller Welt Schlagzeilen gemacht hat. Es handelt sich um die Wirkung von TM-Sidhi-ausübenden Gruppen auf das kollektive Bewusstsein der Gesellschaft, speziell dabei von Gruppen, die die TM-Sidhi-Technik des „Fliegens" gemeinsam während festgesetzter Zeiten morgens und abends praktizieren. Die Wirkungen dieses gemeinsamen Programms sind derart umfassend und erstrecken sich auf ein so weites Spektrum individuellen und gesellschaftlichen Lebens, dass es schwerfällt einen Bereich zu nennen, der nicht von den Wirkungen dieser „Kohärenz schaffenden Gruppen" berührt wird. Was geschieht, wenn ganze Gruppen sich daransetzen, „das Fliegen zu lernen"?

Das amerikanische Wissenschaftler-Team Orme-Johnson/Dillbeck/Wallace veröffentlichte im Jahre 1982 in der angesehenen US-Fachzeitschrift „Neuroscience" (Vol. 16) einen interessanten Bericht über einen EEG-Versuch mit Gruppen, die das TM-Sidhi-Programm des Fliegens gemeinsam ausübten. Der Artikel trägt den Titel: „Intersubjektive EEG-Kohärenz: Ist Bewusstsein ein Feld?" Diese Studie ist die „erste experimentelle Arbeit, die über eine interpersonelle, durch das EEG messbare Gehirnwellenkohärenz als Hinweis auf kohärente Feldeffekte im kollektiven Bewusstsein berichtet." [53]

Was waren die Ergebnisse? Im Sommer 1979 hatte an der Universität von Amherst/Massachusetts, USA, ein Kurs von Ausübenden des TM-Sidhi-Programms stattgefunden, an dem circa 2500 Personen teilnahmen. Zweimal täglich wurde für jeweils 15 Minuten genau zur gleichen Zeit die TM-Sidhi-Flugtechnik von dieser Gruppe gemeinsam praktiziert.

1900 km weiter in den Laboratorien der Maharishi International University, Fairfield, Iowa, wurden während der gleichen Periode vier Personen auf eine mutmaßliche Gehirnwellenkohärenz mit einem 17-Kanal-Elektroenzephalografen untersucht. Kein Mitglied der beiden Gruppen in Amherst und Fairfield wusste, mit welchem Ziel das Experiment durchgeführt wurde. Ebenso wenig wussten die untersuchten Personen in den Laboratorien in Fairfield, wann die größere Gruppe in Amherst mit ihrem TM-Sidhi-Flugprogramm täglich begann. Nach Beendigung des Kurses in Amherst wurden die gleichen Versuchspersonen sechs Tage lang während der gleichen Tageszeit wie zuvor erneut getestet.

Das Ergebnis war eindeutig. Die interpersonelle EEG-Kohärenz der vier Versuchspersonen stieg in allen Frequenzbändern während des TM-Sidhi-Flugprogramms der Amherstgruppe signifikant an. Eine Interpretation dieses Ergebnisses würde bedeuten, dass zwei räumlich weit voneinander getrennte Gruppen durch nur während des „Gruppenfliegens" auftretende besondere Kohärenz-Effekte unbewusst mit einer Art „neurophysiologischen Resonanz" aufeinander reagieren. Die von der Amherst-Gruppe „ausstrahlende" Kohärenz war intensiv genug, um messbare Wirkungen bei einer 1900 km entfernten Kontrollgruppe hervorzurufen.

Damit wäre zum ersten Mal der Nachweis erbracht, dass Levitation als Gruppentechnik, wie sie in ihrer besonderen Weise in der Maharishi-Technologie des Vereinheitlichten Feldes Verwendung findet, neurophysiologisch quantifizierbare Feldeffekte hervorrufen kann. Das Forscherteam, das diese Untersuchungen durchführte, nimmt an, „dass das menschliche Nervensystem imstande ist, Effekte hervorzurufen und auf Reize zu reagieren – z. B. schwache elektromagnetische Felder – die bisher nicht gemessen worden sind. Die Natur der Interaktion könnte nach Orme-Johnson et al.

elektromagnetischer Art sein, da Effekte bei den bioelektrischen Rhythmen des Gehirns nachgewiesen wurden. Die Interaktion könnte auch auf ein noch fundamentaleres Feld zurückgeführt werden, das Maharishi Mahesh Yogi im Feld des Bewusstseins sieht.

Zusätzlich zu seiner durch Membran- und Aktionspotenziale charakterisierten bioelektrischen Funktionsweise scheint die Aktivität des menschlichen Gehirns auf quantenmechanischen Prinzipien zu beruhen. Das Gehirn hat damit – wie andere quantenmechanische Systeme – einen Grundzustand der Funktionsweise, der sensitiv gegenüber einem grundlegenden Feld des Bewusstseins ist und der dieses zu beeinflussen vermag.[54]

Quantenmechanische Resonanz durch elektrophysiologische Kohärenz? Vielleicht stehen wir an einer Schwelle unseres wissenschaftlichen Zeitalters, von der aus wir die ersten Perspektiven in den völlig unerforschten Raum der „Soziologie höherer Bewusstseinszustände" gewinnen. Resonanzphänomene sind in der Natur seit langem bekannt. Zwei Pendeluhren, die nebeneinander an der Wand hängen, so entdeckte der holländische Wissenschaftler Huygens im 17. Jahrhundert, beginnen nach einer gewissen Zeit, im selben Rhythmus zu schlagen. Zwei Oszillatoren kommen zu synchroner Schwingung, wenn sie im selben Feld fast im gleichen Rhythmus pulsieren Ein ähnliches „Einrasten" der Resonanz tritt bei Fernsehgeräten auf, wenn sich die Oszillationen des Senders mit denen des Empfangsgerätes treffen und das Bild plötzlich „gefangen" wird. Schwingungsangleichung gibt es aber auch beim Menschen. George Leonard schreibt in seinem bemerkenswerten Buch „Der Rhythmus des Kosmos":

„Lebewesen sind insofern mit Fernsehgeräten vergleichbar, als auch sie Oszillatoren enthalten. Man könnte sogar sagen, dass Lebewesen Oszillatoren sind; das heißt, dass sie rhythmisch pulsieren bzw. sich verändern. Der einfachste einzellige Organismus oszilliert auf der atomaren, molekularen, subzellularen und zellularen Ebene in eine Reihe verschiedener Frequenzen; mikroskopische Filmaufnahmen dieser Organismen faszinieren uns durch unablässige, rhythmische Kontraktionen, die sie enthüllen. Bei einem so komplexen Organismus wie dem Menschen haben wir es mit ungezählten Oszillationsfrequenzen und Wechselwirkungen zwischen diesen zu tun. Die meisten unserer Systeme funktionieren in rhythmischen Beziehungen; viele der Teilkomponenten müssen synchron arbeiten. In dem Film ‚The Incredible Machine‘ gibt es einen elektrisierenden Augenblick, in welchem man zwei separate Muskelzellen des Herzens durch ein Mikroskop sieht. Jede pulsiert in einem anderen Rhythmus. Dann nähern sie sich einander. Noch bevor sie sich berühren, erfolgt eine sprungartige Veränderung ihrer Rhythmen: Sie pulsieren plötzlich vollkommen synchron im gleichen Takt.“ [55]

Oszillation, Frequenz, Rhythmus haben demnach die Tendenz, sich einander anzugleichen. Das gilt für mechanische oder elektronische Systeme offenbar ebenso wie für das komplexe Neuro-System des Menschen. Aber nicht nur innerhalb des Menschen hat die Forschung interessante Zusammenspiele und Angleichungen der Frequenzen und Rhythmen erkannt, sondern auch im interpersonellen Bereich, das heißt im Feld der menschlichen Wechselbeziehungen und Begegnungen sind wir unaufhörlich einem subtilen Prozess „rhythmischer Anpassung“ ausgesetzt. Im Spiel der rhythmischen Resonanz entdecken wir Aufnahmebereitschaft, Sympathie und Liebe für unsere Umwelt, „stimmen“ uns auf den Mitmenschen ein und beeinflussen ihn umgekehrt mit den diversen Schwingungsfrequenzen unserer eigenen Stimmungen – wobei den Resonanzen des „Hintergrundgeflüsters“ des Unbewussten sicherlich eine größere Bedeutung zufällt als den bewusst „ausgesandten“ Impulsen des Augenblicks.

Ein quantenmechanisches Modell des menschlichen Gehirns wird sicherlich in absehbarer Zukunft entscheidende Entdeckungen auf diesem Gebiet ermöglichen. Und es wird sich zeigen, dass unser Nervensystem tatsächlich im Einklang mit Welt und Umwelt schwingt und auf subtilste Weise mit allen anderen Nervensystemen korreliert. Diesen Gedanken hat bereits der amerikanische

Wissenschaftler William Condon in seinen Untersuchungen zum „Rhythmus“ des menschlichen Gesprächs, vor allem in Bezug auf die Mutter-Kind-Rhythmen, ausgedrückt. Das Neugeborene ist bereits bei seiner Geburt im Einklang mit den Grundrhythmen, die Welt und Mensch miteinander verbinden:

„Ich betrachte die Welt als eine Einheit. Das Gehirn des Kindes ist auch eine Einheit, die verschränkt ist mit der fortlaufenden rhythmischen Einheit, welche die Welt darstellt. Wenn ein Kind geboren wird, trägt es die Ordnung der Welt bereits in sich.“ [56]

Der größte Rhythmusgeber und Oszillator in der Natur ist das menschliche Nervensystem. Wie nun, wenn der Mensch, der – wie die Quantenphysik sagen würde – nichts als ein ungeheures Agglomerat von Schwingungen ist, seine „Oszillationen“ oder Ausstrahlungen derart kohärent machen kann, dass sie, ähnlich einem Laserstrahl, der in gebündelter Form Photonen aussendet, über weite Entfernungen Wirkungen hervorrufen? Aus der Physik wissen wir, dass mit zunehmender Annäherung an subtile Bereiche von Energie und Materie Raum und Zeit relativ werden.

Das von der Supergravitationstheorie postulierte „vereinheitlichte Feld aller Naturgesetze“ befindet sich auf der Ebene der Planck-Skala, das heißt in einem Bereich infinitesimaler Größenordnung von 10^{-33} cm, wo die klassische Raum-Zeit-Geometrie keine Gültigkeit mehr besitzt. Wenn das menschliche Nervensystem auf dieser Ebene nicht nur „schwingt“, sondern – wie im Falle des TM-Sidhi-Programms – dahingehend trainiert werden kann, diese Ebene bewusst zu erfahren und zu beleben, dann wäre dies gleichbedeutend mit einer Erfahrung der fundamentalsten Seinsebene in einem Bereich absoluter „Gleichzeitigkeit“ und „Allgegenwärtigkeit“ jenseits der Begrenzungen von Zeit und Raum.

Genau dies besagt das in der Quantenphysik bekanntgewordene Bellsche Theorem, wonach „keine Theorie der Realität, die mit der Quantentheorie kompatibel ist, davon ausgehen kann, dass räumlich voneinander getrennte Ereignisse voneinander unabhängig sind“. Vielmehr steht alles mit allem in unendlicher Wechselbeziehung.

Bliebe die Frage: inklusive der schöpferischen Prozesse im menschlichen Bewusstsein? Ein quantentheoretisches Modell unseres Bewusstseins muss diese Frage mit „ja" beantworten.

Demnach wäre jeder Gedanke, jedes Gefühl, jeder Bewusstseinsimpuls mit jedem anderen Impuls im Universum verbunden, und die Erfahrung dieser unendlichen Verbundenheit ist die ehemals von den Mystikern beschriebene Welt-Selbst-Einheit, die im Vedischen als „das Große", das „Brahman" bezeichnet wird, weil in dieser Erfahrung Bewusstsein und Welt zu einer unendlichen Ausgedehntheit und Ewigkeit allen Seins zusammenfließen. An dieser Nahtstelle zwischen den feinsten „Bausteinen" der objektiven und subjektiven Welt herrscht, vom klassischen Standpunkt aus betrachtet, das Paradox, dass die räumliche Begrenzung zur Unbegrenztheit, der Moment zur Ewigkeit wird, weil der „Punkt" (Bewusstsein oder Teilchen) zum „Ganzen" wird.

„Die Quantentheorie ist das Koan unserer Zeit. Experimentatoren finden sie in ihrer Arbeit nützlich, ja unverzichtbar. Sie folgen ihren Prämissen bis zu ihren quantenlogischen Schlussfolgerungen, um sich plötzlich scheinbaren Absurditäten konfrontiert zu sehen [...] Damit die Quantentheorie wirklich funktioniert, muss jedes Elektron, umgangssprachlich formuliert, „wissen", was all die anderen Elektronen im Universum tun, um selbst zu „wissen", was es tun soll. Es ist, als ob sich an jedem Punkt jedes elektromagnetischen Feldes ein winziger Supercomputer befände, der ständig alles berechnet, was im Universum vor sich geht. [...]

Hält man sich dies vor Augen, dann ist es ein großer, aber kein unmöglicher Sprung, sich vorzustellen, dass die Ereignisse des Universums de facto aus Interferenzmustern von Wahrscheinlichkeitswellen bestehen. [...]

In einem solchen Universum stehen die Informationen über das Ganze an jedem einzelnen Punkt zur Verfügung. Wie bei dem fotografischen Hologramm können die Informationen in den kleineren Fragmenten verschwommen, schlecht aufgelöst sein. Aber sie sind vorhanden.

Eine solche Darstellung eröffnet faszinierende Perspektiven. Um auf die subjektive Ebene zurückzukehren: Man kann seinen eigenen Körper betrachten und sich sagen, dass jedes subatomare Partikel darin mit allem Existierenden in Verbindung steht. Die pulsierende Leere, die wir im Inneren des Protons entdeckt haben, ist in gewisser Hinsicht ein „Modell" des gesamten Universums und dasselbe gilt für Atome, Moleküle, Zellen, integrierte Zellsysteme, Organe und Organsysteme [...] und schließlich für den ganzen Menschen, die lebende, atmende, wahrnehmende, Begriffe bildende Person. [...] Für den Augenblick genügt die Feststellung, dass wir vollständig, unlösbar und absolut mit allem Existierenden verbunden sind und dass der nächste Schritt der Evolution zumindest darin bestehen wird, uns der Verbundenheit bewusst zu werden." [57]

Aus der oben beschriebenen Studie von Orme-Johnson an Studenten in Amherst und Fairfield ist deutlich geworden, dass Bewusstsein ein Feldphänomen ist, das wie physikalische Felder in Begriffen der Quantenfeldtheorie verstanden werden kann. Zahlreiche Untersuchungen soziologischer Art zum Feld-Effekt durch Gruppen-Meditation und TM-Sidhi-Programm in Gruppen waren bereits seit Mitte der siebziger Jahre von Wissenschaftlern der MERU weltweit durchgeführt worden.

Maharishi Mahesh Yogi hatte bereits Anfang der sechziger Jahre vorausgesagt, dass schon ein geringer Prozentsatz von Ausübenden der TM-Technik in gegebenen Populationen ausreichen würde, negative Tendenzen wie Kriminalität, Krankenhauseinweisungen, soziale Unruhe, Unfallraten etc. zu senken. Dieser zu Ehren seines Begründers als „Maharishi-Effekt" bezeichnete Einfluss wurde statistisch nachweisbar, sobald circa ein Prozent von Personen in einer Stadt oder Gemeinde die TM-Technik morgens und abends praktizierten.

Borland und Landrith veröffentlichten 1975 die erste statistische Untersuchung zum Maharishi-Effekt. In einer Retrospektivuntersuchung wurden elf Städte, in denen bis Ende 1972 mindestens ein Prozent der Bevölkerung die Transzendentale Meditation erlernt hatte, und elf entsprechende Kontrollstädte mit relativ wenigen Teilnehmern am TM-Programm untersucht, die aber bezüglich Bevölkerung, geographischer Lage und Kriminalstatistik vergleichbar einander gegenüber gestellt waren. Unter diesen elf Kontrollstädten zeigten acht im Zeitraum von 1972-73 eine Zunahme von schweren Straftaten um durchschnittlich 8,3 % (für die USA insgesamt nahmen nach dem Bericht des FBI in diesem Jahr die Verbrechen in Städten um durchschnittlich sechs Prozent zu).

Dagegen nahm die Zahl der Straftaten in den Städten mit ein Prozent Meditierenden um durchschnittlich 8,2 % ab; gegenüber den Kontrollstädten betrug die Verringerung 16,5 Prozent. Diese Untersuchung zwischen den beiden Gruppen von Städten war statistisch signifikant. Spätere Analysen der Statistiken aus dem Jahre 1974 zeigten für die Städte mit ein Prozent und mehr Meditierenden eine weitere Trendverbesserung im Vergleich mit den Kontrollstädten. Eine Analyse der 56 größten Städte in den USA wies 1976 nach, dass die überraschende Verringerung der US-Kriminalitätsrate, ausgedrückt durch die Veränderung des FBI-Indexes für Kriminalität, im direkten Zusammenhang mit dem in diesen Städten vorhandenen Prozentsatz an Ausübenden der TM-Technik stand.

Vom 12. Juni bis 12. September 1978 versammelten sich während der „Kampagne zur Schaffung einer Idealen Gesellschaft" mehr als 350 TM-Lehrer im US-Bundesstaat Rhode-Island mit dem Ziel, den Maharishi-Effekt für die gesamte Provinz zu verwirklichen. W. J. Zimmermann ermittelte für den dreimonatigen Zeitraum der Kampagne aufgrund von 22 Variablen zur Verbesserung der Lebensqualität eine soziologische Trendverbesserung um 23,8 Prozent. Zu den untersuchten Parametern zählten Kriminalitäts- und Unfallraten, Krankheits- und Scheidungsquoten, Alkohol- und Nikotinverbrauch ebenso wie Luftverschmutzungsgrade und anderes mehr. Zwanzig der zweiundzwanzig Variablen wiesen eine positive Veränderung auf, was im Vergleich für die Jahre 1976/77 eine Verbesserung der Lebensqualität um sogar 40 Prozent erbrachte.

Weitere Studien führten schließlich 1978 zum „erweiterten Maharishi-Effekt", nach dem der positive Einfluss auf die Lebensqualität einer Bevölkerung durch ein Prozent oder mehr Meditierende sich auch auf die benachbarten Populationen ausdehnt. Dies zeigt eine Analyse der Kriminalstatistik von San Bernardino in Kalifornien, dessen Kriminalität aufgrund des Einflusses des nahegelegenen Los Angeles um 80 Prozent höher lag als in vergleichbaren Städten in den USA.

In dem Maße, in dem mehr und mehr Menschen in Los Angeles die Technik der Transzendentalen Meditation erlernten und infolgedessen der Maharishi-Effekt anstieg, breitete sich die in Los Angeles entstandene Positivität auf San Bernardino aus. Dabei wurde angenommen, dass der Wert des Koeffizienten für San Bernardino durch den Maharishi-Effekt-Einfluss aus Los Angeles um das Zehnfache zunahm. Im selben Jahr richtete Maharishi Mahesh Yogi mit einer Gruppe von Wissenschaftlern an die Regierungen aller Länder den Appell, mithilfe von Experten in der Technologie des Bewusstseins innere Krisen und Konfliktsituationen zu überwinden.

Diese Personen haben „einen solch hohen Grad von Qualifikation entwickelt, dass sie nun befähigt sind, einen überaus starken Einfluss von Kohärenz im kollektiven Bewusstsein jedweder Gemeinschaft oder Nation zu erzeugen. Dieser Einfluss ist so intensiv, dass er den Ausbruch von Konflikten verhindern kann oder aber, sofern ein Krisenherd irgendwo entstanden ist, er diesen umgehend beseitigen und wieder Frieden entstehen lassen kann. […]

Die Formel beruht auf der einzigartigen Entdeckung, dass Bewusstsein in seinem feinsten Aspekt ein Bereich uneingeschränkter Korrelation ist, das heißt, auf das Innigste mit jedem Punkt des Universums in Zeit und Raum verbunden ist und, in Übereinstimmung mit den modernsten Erkenntnissen der Quantenfeldtheorie, eine Wechselbeziehung von allem mit allem in der Schöpfung bewirkt. Ein feiner lebensfördernder Impuls, der auf dieser abstrakten Ebene reinen Bewusstseins erzeugt wird, beeinflusst deshalb unmittelbar die nahe und ferne Umgebung. Allein durch die Ausübung der Transzendentalen Meditation und des TM-Sidhi-Programms vermag sich so die geistige Atmosphäre eines Landes zu verbessern, was in positiverem Denken und Verhalten der Bürger dieses Landes seinen Niederschlag findet. Kollektive Spannungen werden auf diese Weise gelöst und Kampfhandlungen kommen scheinbar ganz von selbst zum Erliegen."[58]

Im Laufe eines daraufhin durchgeführten Modellprojekts in 108 Ländern, in dem mehr als 1000 Lehrer der TM-Technik in die Hauptkrisengebiete der Erde geschickt wurden, wurden im Nahen Osten, in Rhodesien, in Nicaragua, im Iran und in Südostasien während der Anwesenheit dieser Experten soziale Turbulenzen nachweisbar verringert. Zum ersten Mal war auf der Ebene des Bewusstseinsfeldes eine „Weltfeuerwehr" in Aktion getreten, deren Mitglieder von sich behaupten konnten, durch den Kohärenz-Effekt aus der Stille des vereinheitlichten Feldes jedweden Brand, entstanden aus dem Chaos des kollektiven Bewusstseins eines Landes, zu löschen.

Schließlich konnten A. und F. Aron 1979 den Maharishi-Effekt direkt in Atlanta-City nachweisen, wo eine Gruppe von TM-Sidhi-Ausübenden, die ihr Programm normalerweise am Stadtrand absolviert hatten, dieses über mehrere Tage in das Zentrum der Stadt verlegten. Während des Experiments stieg die Kriminalität signifikant im Stadtrandgebiet, wohingegen sie sich, ebenso signifikant, im Stadtzentrum verringerte. Dabei waren die Variablen, die einen Einfluss auf die Kriminalitätsrate haben können, wie Polizeiaufgebot, besondere Stadtprojekte zur Aufrechterhaltung von Ruhe und Ordnung etc., nicht verändert worden.

Interessanterweise war der Maharishi-Effekt bei den letztgenannten Untersuchungen nicht mehr durch ein Prozent Meditierender ausgelöst worden, sondern durch kleinere Gruppen von Personen, die gemeinsam das Fortgeschrittenen-Programm der TM-Sidhis, und hier vor allem die Technik des „Fliegens" ausgeübt hatten. Aus Beobachtung und Statistik wurde ermittelt, dass eine Gruppe von

Personen, entsprechend der Quadratwurzel von einem Prozent der Bevölkerung, eine Verbesserung der Lebensqualität hervorrufen kann, vorausgesetzt, dass diese Gruppe ihr Programm „unter einem Dach", also gemeinsam morgens und abends ausübt.

Eine globale Nutzung dieses Gruppen-Feldeffekts auf das kollektive Bewusstsein der Gesellschaft wurde schließlich im sogenannten „Superradiance Programme" erreicht. Mit diesem Programm wurden weltweit TM-Sidhi-ausübende Gruppen durch eine besondere zeitliche und räumliche Synchronisation zusammengeschlossen, sodass fast „rund um die Uhr" ein ordnender Einfluss von diesen Gruppen auf das Weltbewusstsein ausging.

Die bisher aufsehenerregendste Demonstration des Maharishi-Effekts erlebte die Welt um die Jahreswende 1983/84 während der sogenannten „Utopia-Versammlung" von mehr als 7000 Experten der Maharishi-Technologie des Vereinheitlichten Feldes in Fairfield/Iowa, USA. Zum ersten Mal hatte sich aus aller Welt eine Zahl von Personen für das gemeinsame TM-Sidhi-Programm versammelt, die genau der Quadratwurzel von einem Prozent der Weltbevölkerung entsprach. Unter riesigen Kuppeldächern, die speziell für das gemeinsame Programm errichtet worden waren, zeigten Experten den globalen „Quanteneffekt des Bewusstseins", indem sie – aus der Stille des vereinheitlichten Feldes – eine Feld-Kohärenz erzeugten, die messbare Veränderung im gesamten Welt-Bewusstsein hervorrief.

Die von zahlreichen Wissenschaftler-Teams erbrachten Messergebnisse zeigten die für diese dreiwöchige Weltversammlung vorhergesagte positive Trendänderung in allen wichtigen Gesellschaftsbereichen: Staatsoberhäupter zeigten sich positiver in ihren politischen und gesellschaftlichen Perspektiven, internationale Konflikte wie der Libanon-Konflikt ebbten für die Dauer der Versammlung ab, Unfallraten und ansteckende Krankheiten gingen drastisch zurück, der Weltaktien-Index der Wirtschaft ebenso wie die US-Aktien-Börse erlebten auf den Tag genau über 20 Tage ein überraschendes Hoch.

Das Prinzip der Superstrahlung hatte seine planetare Anwendung gefunden. Der „Teilchenbeschleuniger" war diesmal nicht ein wissenschaftliches Forschungslabor, sondern die Nervensysteme von 7000 Experten der Gruppendynamik des Bewusstseins, die einen globalen Feld-Effekt durch Belebung des Feldes aller Felder in sich selbst erzeugt hatten. Das Gesetz der Superstrahlung wurde 1954 von Dicke entdeckt und findet vor allem in der Laser-Physik seine Anwendung. Es besagt, dass ein kurzer, starker und kohärenter Strahlungsimpuls Atome in kohärente Schwingung versetzen kann und diese dann die aufgenommene Energie verstärkt weitergeben. Dieser Kohärenz-Verstärker-Effekt wird dadurch möglich, dass die Atome angeregt werden, sich „phasengleich" zu verhalten.

Eine Ansammlung von Atomen reagiert danach gleichsam wie ein einziges Atom. Statt der gewohnten Streuung kommt es zu einer Bündelung der Energie, die, wie im Falle des Laserlichts, besondere quantenmechanische Eigenschaften aufweist. Die im Falle des Laserlichts auftretende Phasengleichheit führt dazu, dass die abgestrahlte Energie im Quadrat der „beteiligten" Atome zunimmt. Das bedeutet, dass 100 Atome, die in vollkommener Phasengleichheit sich verhalten, 10 000 mal stärkere Energie abstrahlen als ein einzelnes Atom.

„Übertragen auf den Bereich des Bewusstseins macht dies verständlich, dass eine zahlenmäßige Minderheit einen starken Einfluss von Kohärenz und Geordnetheit auf die Gesamtheit ausüben kann, der in der Lage ist, das Weltbewusstsein zu verändern.[…] Bei einem Laser kommt die Kohärenz des abgestrahlten Lichts durch induzierte Emission zustande: Eine einmal entstandene Welle induziert fortlaufend weitere Übergänge in benachbarten Atomen, wodurch sie sich ständig verstärkt. Im Unterschied dazu beruht Superstrahlung auf spontaner Emission. Die Einzelelemente sind hier unabhängig voneinander, sie werden nur kurzzeitig demselben Strahlungsfeld ausgesetzt. Diese gemeinsam gesetzte Anfangsbedingung reicht aus für das Zustandekommen „starker kooperativer Effekte." [59]

Maharishi Mahesh Yogi hat immer wieder betont, dass der Superstrahlungseffekt, der von einer Gruppe kohärent arbeitender Nervensysteme ausgeht, vor allem auf der Ebene des kollektiven Bewusstseins wirkt. Bedenkt man, dass für ein Land wie die Bundesrepublik Deutschland eine Kohärenz schaffende Gruppe von circa 800 Personen an einem Ort ausreichen würde, die Kultur von ihrer feinsten abstrakten Ebene her positiv zu beeinflussen und schädliche Einflüsse abzuwehren, so wird deutlich, wie nahe man, rein rechnerisch schon, an die „machbare Utopie" einer evolutionären Gesellschaft herankommt. Offensichtlich hat eine solche Phasenverschiebung in Richtung einer neuen Ära bereits begonnen. Wir müssen nur offen genug sein, die Zeichen der Zeit richtig zu deuten.

Dass Phasenverschiebungen innerhalb eines ganzen Systems möglich sind, wenn nur ein kleiner Teil seiner Elemente an Ordnung zunimmt, ist uns aus der Naturwissenschaft hinreichend belegt. Bekannt ist das Beispiel der Schrittmacherzellen im Herzmuskel, deren Tätigkeit ausreicht, dass sich das ganze Organ gleichzeitig kontrahiert. Ebenso reichen bereits circa ein Prozent der Gehirnzellen aus, um die Funktion eines ganzen Systems von Zellen zu stärken. Darüber hinaus lehrt uns die Erfahrung, dass jede Struktur, ob individuell oder kollektiv, die in sich kohärent und harmonisch funktioniert, gegen negative Einflüsse von „außen" immun ist. Das heißt, sie ist unbesiegbar.

In der Quantenphysik beschreibt der Meissner-Effekt, wie in einem „Supraleiter" der kollektive Zustand eines in hohem Maße kohärenten Elektronenflusses spontan „immun" ist gegen ein von außen einwirkendes Magnetfeld und seinen kohärenten Zustand beliebig lange aufrechterhält. Ähnlich geordnet reagiert gemäß dem dritten Hauptsatz der Thermodynamik ein physikalisches System, und zwar proportional zur Abnahme seiner Temperatur. Der bekannte Physiker Erwin Schrödinger entdeckte, dass der schöpferische Aspekt des Lebens einhergeht mit einer Zunahme an Ordnung und einer Abnahme an Entropie (Ungeordnetheit) und in direkter Beziehung steht zu der geordneten Struktur des quantenmechanisch organisierten DNS-Moleküls. Er war der Überzeugung, dass Leben in seiner Entwicklung in Richtung höherer Ordnung unsterblich ist und die desorganisierende Macht der Auflösung und des Todes dadurch vermeiden kann, dass es beständig „Ordnung aus der Umwelt trinkt".

Eben diese Ordnung aus der Umwelt steht dem menschlichen Nervensystem zur Verfügung, wenn es in den struktur- und harmoniebildenden Einfluss der Superstrahlung des TM-Sidhi-Programms kommt. Denn dieses Programm ist darauf angelegt, Ordnung und Kohärenz zu erzeugen. Die spezifische Gehirnwellen-Kohärenz, die für das TM-und TM-Sidhi-Programm typisch ist, spiegelt diese Zunahme an Ordnung neurophysiologisch wider. Damit können wir den praktischen Aspekt der Maharishi-Technologie des Vereinheitlichten Feldes auch als ein besonderes Programm für unser Nervensystem ansehen, „Ordnung zu trinken" und dadurch mit den fundamentalsten Gesetzen der Natur in Kooperation zu treten. Ist es verwunderlich, dass diese Ordnung sich auch im Bereich der Gesellschaft als Ganzes niederschlägt?

Wenn geringe Prozente kohärenter Zellen in einem biologischen System für Ordnung sorgen können, warum sollte nicht etwas Ähnliches geschehen, wenn wenige Prozente „geordneter Individuen" gleichsam als „Zellen eines sozialen Körpers" kohärente Schwingungen ausstrahlen, die von der subtilen, höchst abstrakten Ebene des kollektiven Bewusstseins der Gesellschaft aufgenommen werden? Dass das TM-Sidhi-Programm, ausgeübt in Gruppen, und dabei vor allem die Technik des „Fliegens", diesen einzigartigen Verstärkereffekt hat, wird durch die soziologischen Untersuchungen hinlänglich unter Beweis gestellt. Aber was ist kollektives Bewusstsein überhaupt?

Der englische Biochemiker Rupert Sheldrake hat vor einigen Jahren eine interessante Theorie aufgestellt, wonach in der Natur sogenannte „morphogenetische Felder" wirksam sind, über die sich einmal entwickelte „Formen" unabhängig von örtlichen

Begrenzungen oder einer engeren kausalen Beziehung wiederholen. Er wies unter anderem nach, dass Angehörige einer Spezies bestimmte Lerninhalte schneller aufnehmen, wenn eine Gruppe derselben Spezies irgendwo bereits vorher denselben Inhalt gelernt hat, ohne dass jedoch eine direkte Beeinflussung zwischen den beiden Gruppen stattgefunden hatte.

Ein anderes Beispiel für diese „morphische Resonanz" ist die unter Chemikern bekannte Tatsache, dass die Kristallisierung eines synthetischen Stoffes rascher zustande kommt, wenn bereits vorher einem Forscher dieselbe Kristallisierung gelungen ist. Wissenschaftlich ist dieses Phänomen bisher nicht erklärbar. Dass auch auf der Ebene des „kollektiven Bewusstseins" ein solcher „Quantenfeld-Effekt" formbildender Verursachung möglich ist, zeigte eine am 31. August 1983 von einer englischen Fernsehstation ausgestrahlte Test-Serie.

Zwei Portraits waren durch bestimmte grafische Anordnung derart verfremdet worden, dass sich dem Beobachter bei „normalem" Betrachten nur ein abstraktes Gewirr von Schwarz-Weiß-Flächen zeigte. Sobald man jedoch das „versteckte" Gesicht erkannt hat, wirkt das Phänomen des „Gestaltsprunges", das heißt, von nun an löst man automatisch das „Bildrätsel" und erkennt spontan die versteckte Figur darin. Bevor das Fernsehen die chiffrierten Bilder und danach ihre „Lösung" ausstrahlte, hatte Sheldrake zwei „chiffrierte" Portraits an verschiedene Personen gesandt, die es einem größeren Publikum von Versuchspersonen vorgelegt hatten.

Es galt herauszufinden, wie viele der Testpersonen die beiden vorgelegten Bilder „entziffern" würden, bevor in England Bildrätsel und Lösung ausgestrahlt wurden. Sheldrakes Voraussage bewahrheitete sich: Nachdem mehr als zwei Millionen Zuschauer der englischen Fernsehsendung das Bild „gelernt" hatten, konnte auch eine zweite Testgruppe an anderen Orten, die die Sendung nicht hatten mitverfolgen können, die ihnen vorgelegten Zielbilder schneller enträtseln. Das Ergebnis war statistisch bedeutsam und untermauert die Theorie eines Feld-Effektes, der spontan und ortsunabhängig bestimmte gestaltbildende bzw. ordnende Einflüsse auf die Spezies ausübt.

Die Frage, die sich hier anschließt, ist, ob das kollektive Bewusstsein, über welches der „Quantenfeld-Effekt" des TM-Sidhi-Programms aller Wahrscheinlichkeit nach wirkt, nicht in ähnlicher Weise wie ein morphogenetisches Feld wirkt, indem es Impulse gleicher „Bandbreite", in diesem Fall ordnende, kohärente Strukturen des Bewusstseins, an andere Mitglieder der Spezies Mensch weitergibt? Wie dem auch sei, so scheint nur die Quantenphysik mit ihren Raum und Zeit transzendierenden Phänomenen einer Erklärung dieser Feld-Effekte nahezukommen.

So zeigt zum Beispiel der nach dem englischen Physik-Nobelpreisträger Brian Josephson benannte Josephson-Effekt, dass zwischen „Supraleitern" eine Elektronenwelle trotz Isolierung „hindurchtunnelt", weil sie unter der Wirkung des Supraleiters kohärent geworden ist. Superflüssiges Helium „tropft" durch die Moleküle eines Glasrezipienten, weil seine Atome sich ebenfalls kohärent verhalten. Die Schlussfolgerung wäre: Mit zunehmender Ordnung in unserer physischen Welt treten Feld-Effekte auf, die die herkömmlichen Verhaltensformen von Materie und Energie außer Kraft setzen. Feld-Effekte haben strukturbildende Eigenschaften „höherer" Ordnung, die auf das System als Ganzes wirken.

Man könnte auch sagen: Was sich im Kosmos (griechisch = Ordnung) zu höherer Ordnung zusammenfügt, ob es Zellen, Moleküle, Atome, Teilchen oder Gedanken und Gefühle sind, erhält Feld-Wirksamkeit und ist in der Lage, jenseits von Raum und Zeit mit „seinesgleichen" zu interagieren. Das Ganze ist – bereits klassisch gesehen – mehr als die Summe seiner Teile. Quantentheoretisch gesehen ist die Summe der Teile jedoch ein höheres Ganzes, weil jedes Teil sich bereits wie das Ganze verhält und darum mit allen beteiligten Elementen eine „Super-Struktur" höherer Ganzheit bilden kann. Eine solche Super-Struktur von Kohärenz entsteht zweifellos durch die ordnenden Einflüsse auf der Ebene des Bewusstseins, wenn Gruppen von Experten der Maharishi-Technologie des Vereinheitlichten Feldes gemeinsam das TM-Sidhi-Programm ausüben. Wie wir gesehen haben, wird ihr Einfluss auf das kollektive Bewusstsein um so größer sein, je näher ihr Bewusstsein dem Feld absoluter Geordnetheit kommen kann. Dabei handelt es sich nicht um „telepathische Gedankenübermittlung" auf das kollektive Bewusstsein, sondern um den spontanen und gänzlich natürlichen Vorgang des Transzendierens zur „Quelle der Gedanken", wo nicht die Wahrnehmung des Gedankeninhalts das Wesentliche ist, sondern die Feinheit und Energie, die ihn bestimmen.

Wenn die Wahrnehmung fein genug ist, wird sie in der Lage sein, das „Absolute" des Gedankens zu erfassen, das heißt, sie wird die unmanifeste Grundlage der subtilsten Energie der Schöpfung berühren und damit jenes Feld, das – wie wir sahen – in unendlicher Wechselwirkung mit allem steht. Impulse, die jetzt in dieses Feld gelenkt werden, sind Tausende von Malen stärker als Impulse der „Oberfläche" und bewirken aufgrund ihrer Kohärenz eine entsprechende Resonanz auf der Ebene des kollektiven Bewusstseins, welches die Gesamtheit aller geistigen Schwingungsebenen einer Gruppe bzw. Gemeinschaft repräsentiert. Es ist darum vorstellbar, dass eine größere Zahl von Personen, die dieses Feld reinen Bewusstseins in sich zum Schwingen bringen, eine entsprechende Verstärkung des Feld-Effektes im Sinne einer reziprok zu Gruppengröße anwachsenden Kohärenz im kollektiven Bewusstsein auslösen kann.

Wie wir bereits sahen, gilt bei den Feld-Effekten ein Gesetz, das man als „Superpotenzierung" umschreiben könnte. Es besagt, dass ein kohärentes „Ganzes", also ein physikalisches, biologisches oder auch soziales System, das in sich perfekt geordnet ist, nicht nur „mehr" als die Summe seiner Teile ist, sondern eine neue Potenzialität gewinnt, die sich in Form von „Quantenfeldeigenschaften" ausdrückt. Ein solches System reagiert „unbegrenzt", das heißt, es ist örtlich nicht gebunden in seinen Wirkungen, „zeitlos", das heißt, es kann synchron an verschiedenen Orten ablaufen oder, wie im Falle der Supraleitfähigkeit, „ewig" andauern, und es ist „a-kausal", das heißt, seine Wirkung lässt sich durch die Mittel klassischer Verursachung nicht erklären. Es ist anzunehmen, dass die Natur immer dann auf solche Systeme „superpotenter" Ordnung zurückgreift, wenn sie komplexe Strukturen nach dem Gesetz des geringsten Kraftaufwandes organisieren möchte. Dabei spielt der Begriff „Kohärenz" die zentrale Rolle.

Je komplizierter eine Struktur wird, desto größer wird die Notwendigkeit, diese durch natürliche, aber effektive Maßnahmen zu ordnen und zu gestalten. Die Natur scheint die Ordnung komplexerer Systeme dadurch zu bewerkstelligen, dass sie diese von der Quantenfeldebene her organisiert, das heißt, sie nutzt das auf dieser Ebene vorhandene Potenzial, möglichst viel Information synchron und ohne Reibungsverlust (= Informationsverlust) an die verschiedenen Strukturebenen weiterzuleiten bzw. von diesen abzurufen.

Einen Mechanismus dieser Art hat auch der deutsche Wissenschaftler F. Popp im Rahmen seiner Krebsforschung auf der Ebene der DNS nachweisen können. Popp geht davon aus, dass die fundamentale Ebene der physiologischen Selbstorganisation, wie sie in der DNS enthalten ist, nur durch Kohärenzphänomene erklärbar ist. „Kohärentes Licht" ist dafür verantwortlich, dass die Kommunikation im Sinne maximaler Ordnung innerhalb der einzelnen Strukturebenen der Physiologie aufrechterhalten wird.

Die Schaltstelle aller organisierenden Kraft im Körper, die DNS, so kann man hieraus schließen, benutzt den Quantenfeld-Effekt, um der komplizierten Steuerung von Tausenden von Befehlen und „Informationseingaben" Herr zu werden. Die DNS ist demnach das tiefenphysiologische Terminal des kosmischen Computers Natur, die dank perfekter Datenspeicherung und Datenvermittlung, wie sie im Quantenbereich möglich sind, den gesamten Körper „organisiert" und die Operationen des größten Unternehmens der Evolution schaltet: individuelles Leben.

Popp nimmt an, dass Krebs durch den Zusammenbruch der Kohärenz auf der Ebene der DNS entsteht. Die krebserregenden Gene, die sogenannten „Onkogene" entstehen an den Nahtstellen, wo der

Einbruch von Inkohärenz das Gleichgewicht der Ordnung stört. Ähnliche Vermutungen gibt es bei dem Tübinger Arzt R. G. Hamer, der von „elektrophysiologischen Feldeinbrüchen im Gehirn" spricht, die sozusagen „einen Kurzschluss in der Befehlszentrale" hervorrufen. Diese Feldeinbrüche werden, so Hamer, hervorgerufen durch „allerschwerste, dramatisch-akute und isolative Konflikterlebnisse." [60]

Krankheit als Zusammenbruch von psychophysischer Kohärenz. Der nächste Schritt liegt nahe, nämlich die Krankheit der Kultur als die Katastrophe sozialer Kohärenz zu sehen, die ihrerseits durch den Mangel an individueller Kohärenz hervorgerufen wird. Die These ist stimmig: Wenn die Schaltzentrale selbst angegriffen wird, ist der Zusammenbruch rascher und dramatischer. Oder umgekehrt: Tiefgreifende Verletzung von Ordnung, das heißt akuter Mangel an Einklang mit dem Naturgesetz, rüttelt an den Grundfesten der existenziellen Ordnungsstrukturen von Mensch und Gesellschaft. Die „Schnittstellen", die das „Ordnungsprogramm" der Natur an den Einzelnen und die Gesellschaft weiterleiten, werden angegriffen und zerstört. Die Folge ist Zusammenbruch der Information. „Teil- oder auch Gruppenprogramme" werden gelöscht.

Die Natur hat Interesse an Ordnung, weil nur durch sie ein harmonischer Informationsaustausch und damit die Vielheit in der Einheit gewährleistet sind. Uniforme Strukturen brauchen keine komplexen Ordnungsmuster. Aber je differenzierter eine Struktur wird, desto subtiler muss ihre Organisation werden. Subtil bedeutet aber auch: weniger Kraftaufwand bei größerer Leistung, weil sonst das System sich „in seiner eigenen Organisation" erschöpft. Die Quantenfeldebene ist der Bereich, aus dem das Teil spontan mit dem Ganzen verbunden ist, und das Ganze mühelos die vielfältigen Interessen der Teile wahrnehmen kann. Wenn wir uns nur überlegen, wie viel Informationsaustausch und Rückbezug zur „Schaltzentrale" notwendig sind, um ein Stück Zucker zu verdauen, so wird uns klar, welche „Management-Kapazität" der kosmische Computer „Neurophysiologie Mensch" jede Minute an den Tag legt.

84

Wenn die DNS die Schaltstelle zwischen Natur und individu-
ellem Leben ist, könnte man sich fragen, wo denn die Schaltstelle
zwischen Natur und Gesellschaft liegt. Von wo wird die ungeheure
Organisation des sozialen Lebens eigentlich bewerkstelligt? Eine
mögliche Antwort wäre: vom kollektiven Bewusstsein der Gesellschaft, dem „abstrakten Nervensystem" einer Gruppe, das über
feinste Verbindungskanäle den gesamten Informationsaustausch
dieser Gruppe bewirkt. Das ist eine kühne Behauptung, wird man
entgegenhalten; wo liegen die Beweise?

Das Problem liegt darin, dass wir als Einzelwesen Schwierigkei-
ten haben, den Mechanismus ganzheitlicher Ordnungsmechanis-
men zu durchschauen. Kollektives Bewusstsein verhält sich zum
Einzelnen wie der Körper zur Zelle. Der Körper „weiß", die Zelle
„funktioniert". Soll ganzheitliches Wissen auf der Zellebene „bewusst" werden, muss die „Zentralstelle für Information und Ver-
waltung" kontaktiert werden: die DNS.

Das heißt, die Zelle müsste auf einen subtileren Bereich ihrer-
selbst zurückgreifen, um Wissen von Vorgängen außerhalb ihrer
„vier Wände" zu erhalten. Das wiederum heißt übersetzt: Ganzheitliches Wissen ist nur durch Selbst-Rückbezug möglich. Emile
Dürkheim, der berühmte Soziologe, der den Begriff des „kollektiven Bewusstseins" zum ersten Mal benutzte, sagt in gleichem Sinne: „Der Beitrag, den die einzelne Gehirnzelle für die Entstehung
eines Bildes leistet, ist ebenso wenig erklärbar, wie der Beitrag des
einzelnen Individuums zum kollektiven Bewusstsein." [61]

Ein quantenmechanisches System ordnet sich durch Selbst-
Rückbezug und durch Vernetzung seiner Teile. Im Bereich sozialer
Systeme beginnen wir gerade, die ungeheure Bedeutung der Vernetzung zu erkennen, wie es sich im täglich wachsenden Interesse
an Informatik, Computerwissenschaft, Verkehr und Kommunikation zeigt.

Die Bedeutung des Selbst-Rückbezugs für spontanes Wissen
von der Ganzheit eines Systems ist den meisten noch ein „Buch mit
sieben Siegeln". Wir ziehen es immer noch vor, mit unserem Körper

im Jetset über die Wolken, aber mit unseren Gedanken „zu Fuß mit dem Regenschirm durch den Schlamm“ zu waten.

Wenn das kollektive Bewusstsein die Summe des Bewusstseins aller Einzelindividuen ist, dann wäre der Kontakt mit diesem Feld eine ungeheure Bereicherung für den Einzelnen, weil es eine unendliche Information aller Verbindungen und Möglichkeiten der Gesellschaft oder der Gruppe enthält. Dabei geht es nicht um spezifisches Detailwissen, sondern um Begriffe wie „Wesen“, „Ganzheit“, „Zusammenhang“ oder „Integration“ eines sozialen Systems. Das Paradox, dass ich, um Wissen von „höheren Zusammenhängen“ zu gewinnen, die Ebene der äußeren Zusammenhänge mit der Ebene „Ich-selbst“ vertauschen muss, lässt viele spontan die „Waffen strecken“.

Es ist nicht üblich in unserer Kultur, durch „Umwege“ schneller ans Ziel zu gelangen. Aber die Erfahrung rechtfertigt das Prinzip. Wir sind in unserem Innersten „kollektiv“, unser ureigenstes Selbst ist das kollektive Bewusstsein und „liest“ alle Information aus ihm spontan heraus. Die Konsequenz: Durch Kontakt mit der Quantenfeldebene des Bewusstseins lösen sich Gruppenprobleme und Gesellschaftsprobleme. Der „Problemknoten“ wird „feldtechnisch“ gelöst, weil ihm durch Einzelaktionen von der Oberfläche nicht mehr beizukommen war. Dies ist die Ebene, auf der das TM-Sidhi-Programm „Wunder wirkt“. Aber nicht Wunder der Magie, sondern die Wunder der „kosmischen Psychologie“, die eine Psychologie der Ganzheit ist, und in der der Einzelne ausschließlich in seinem universellen Zusammenhang mit der Welt gesehen wird.

Der große Seelenkenner Rainer Maria Rilke hat – ebenso wie C. G. Jung und andere – dieses Feld der „Weltlichkeit“ der tieferen Bewusstseinsschichten erkannt. In seinen „Briefen aus Muzot“ heißt es: „Mir selbst stellt es sich immer mehr so dar, als ob unser gebräuchliches Bewusstsein die Spitze einer Pyramide bewohne, deren Basis in uns (und gewissermaßen unter uns) so völlig in die Breite geht, dass wir, je weiter wir in sie niederzulassen uns befähigt sehen, desto allgemeiner einbezogen erscheinen in die von Raum und Zeit unabhängigen Gegebenheiten des Irdischen, des, im weitesten Begriffe, weltlichen Daseins." [62]

Bewusstsein ist Welt im ureigensten Sinne. Der Mikrokosmos Mensch ist eine Kopie des Makrokosmos. So haben es uns die Alten gelehrt, so haben wir es ihnen geglaubt. Aber haben wir es auch an uns erfahren? Die geheimnisvolle Wechselbeziehung zwischen Innen- und Außenraum, die der französische Dichter und Philosoph Andre Breton mit zwei „kommunizierenden Röhren" verglich, kann uns nur wirklich bewusst werden, wenn wir die Erfahrung des Einheitsfeldes in uns selbst gewinnen. Sonst bleiben Behauptungen, dass Menschen fliegen können, Spleen, und dass sie fliegend die Welt verändern, eine Verrücktheit, über die man bestenfalls schmunzelt.

Es ist offensichtlich, dass wir einfach noch keine Antenne für eine sensible Aufnahme von Impulsen der Einheit und Ganzheit entwickelt haben. Sonst verstünden wir spontan, dass unser Nervensystem eine kosmische Sende- und Empfangsstation höchster Ordnung ist, in deren „Frequenzbereich" selbstverständlich auch das kollektive Bewusstsein gehört. In unserem mangelnden Wissen von den Zusammenhängen haben wir uns nicht ein einziges Mal gefragt, wozu, vom Standpunkt der Evolution gesehen, die großen Erleuchteten der Menschheit überhaupt angetreten waren. Die „Physik" ihrer Metaphysik war uns ebenso entgangen wie ihr unerhörter abstrakter Einfluss auf die kollektive Entwicklung der Gesellschaft.

Da wir es immer mit konkreten, fassbaren Dingen zu tun haben wollen, entgehen uns die verborgenen Einflüsse. Die Faszination des Fassbaren vernebelt das Unfassliche. Wir stehen mit dem Rücken zur Wand und glauben, frei zu sein. Die Oberfläche der Dinge geht uns mehr unter die Haut als ihre Tiefe. Es muss eben „heiß hergehen", damit wir an etwas glauben, und es zerreißt einem die Nerven, wenn das Unglaubliche sich in unser Leben drängen will. Darum ist es bequemer, sich an die „Wirklichkeit" zu halten, auch wenn wir vor der Fernsehröhre täglich ihrer Illusion unterliegen und dennoch nicht verstehen, warum Bilder durch „den Raum reisen" können.

Dass unsere Kultur unter dem Einfluss der Oberfläche in ein seelisches Ödland getrieben ist, das seinesgleichen kaum ein zweites Mal in der überschaubaren Menschheitsgeschichte kennt, ist den meisten schon gar nicht mehr bewusst. Darum bleibt unsere Geschichtsschreibung auch lieber ein paar tausend Jahre vor Christi Geburt stehen. Wir sind sicher, dass es vor uns „nichts Besseres" gegeben hat und dass die Menschheit, ein paar tausend Jahren weiter zurück, „von den Bäumen geklettert" ist.

Wer würde es auch schon wagen, die Sisyphusarbeit zu unternehmen, eine „andere Geschichte" zu schreiben, eine Geschichte der jahrtausendealten Suche der Menschheit nach Vervollkommnung der Seele zum Beispiel. Eine Geschichte, in deren Mittelpunkt die Entwicklung von Charakter, die Ausbildung „höherer Fähigkeiten" und das Erlernen von Verhalten im Einklang mit dem Naturgesetz und damit auch mit der Umwelt des Menschen lag. Aber wer lehrt uns in der Schule wahre Größe?

Wo liegt die praktische Unterweisung zur Entfaltung von Menschlichkeit? Wer zeigt Wege der Vollkommenheit für den Suchenden auf? Ist die Suche nach Vervollkommnung etwas „Anrüchiges", über das man nicht reden darf? Unsere Geschichtsbücher, Lesebücher, Unterhaltungsliteratur etc. sind voll der Entsetzlichkeiten, die sich die Spezies Mensch über die letzten Jahrtausende körperlich, geistig und seelisch angetan hat oder in ihre Seele hineinphantasiert hat. Könnte es sein, dass wir solange wir an eine Vervollkommnung nicht glauben – diese auch nicht erreichen werden? Wenn wir an unsere eigene Vervollkommnung nicht glauben, wie sollen wir eine bessere Gesellschaft aufbauen können?

Unserer Gesellschaft fehlt es an Bildern und Leitgedanken der Vollkommenheit. Geschichte und Weltbild haben Modelle des Denkens und Verhaltens geprägt, die in offener oder latenter Form den kulturellen Selbstmord als einzigen Ausweg aus der ungeheuren Abwesenheit des Guten übriglassen. Wenn wir nicht an den

Fortschritt zur Erfüllung glauben, zwingt uns die Natur, an den Abgrund zu glauben. Es gibt keine Alternative.

Erfüllung in unserer heutigen Zeit ist die Angelegenheit aller mit allen. Und es geht hier weder um Glauben im religiösen Sinne noch im Sinne eines Für-möglich-Haltens. Es geht schlicht und einfach um die Erfahrung der Evolution und ihres unvorstellbaren Glückseligkeitsangebotes an den Menschen. Wie dies von der Natur bewerkstelligt werden kann, darauf soll dieses Buch eine Antwort sein. Der Maharishi-Effekt ist eine Antwort der Natur auf das Chaos der Zivilisation und darum eine praktische und rasche „Medizin" für den kranken Körper unserer Gesellschaft. Hören wir noch einmal Maharishi Mahesh Yogi selbst:

„Es sollte im Rahmen der Fähigkeiten eines Blattes liegen, die Ebene des Saftes in sich schwingend zu erhalten. [...]

Warum sind wir der Meinung, dass ein Prozent einhundert Prozent beeinflusst? Wir müssen gar nicht weit gehen, um zu sehen, was passiert. Was geschieht, wenn ein Mensch 15 Minuten lang morgens und abends meditiert? Und wie verändert sein fünfzehnminütiges Meditieren morgens und abends die Tendenzen der hundert Leute um ihn herum? Wie geschieht das?

Die Ebene des Bewusstseins ist die gleiche überall, genau wie der Saft (einer Pflanze) überall der gleiche ist. Der Saft des Blattes ist der Saft des Stängels, ist der Saft des Blütenblattes. Es ist der gleiche Saft. Wenn dieser Saft irgendwo lebendig gemacht werden könnte, würden diese lebendigen Schauer auf der Ebene des Saftes alle Teile des Baumes frisch erhalten.

Weil Bewusstsein die Grundlage von allem ist, was es gibt – hier, dort und überall – ist es die Quanten-Ebene des Lebens, die eigentliche Grundlage des Lebens. Wenn die Aufmerksamkeit diese Ebene erreicht, ist das, was geschieht, wie ein kleiner Kieselstein, der in die stille Wasserfläche fällt. Ein kleiner Stein fällt und verursacht Impulse. Diese Impulse erreichen alle entferntesten Teile, das ganze Wasser. Genauso können wir uns die Schauer vorstellen, die auf dieser stillen Ebene des Bewusstseins erzeugt werden, die

die allgegenwärtige Wirklichkeit ist, wenn der bewusste Geist eines einzelnen Individuums transzendiert.

Dieses pulsierende Bewusstsein des Individuums erzeugt überall Lebensimpulse, und weil dies die eigentlich fundamentale Ebene eines jeden ist, wird jedes Menschen Denken und jedes Menschen Bewusstsein dadurch beeinflusst. [....] So sehen wir die Wirkungen von ein paar meditierenden Menschen in der Gesellschaft. Die ganze Gesellschaft wird positiver in ihren Neigungen, positiver in ihrem Denken. Die Wahrnehmung der ganzen Bevölkerung wird gewaltig beeinflusst. Darum verändern sich die Verbrecher, die Negativität ändert sich. Ein Mensch, der heute so denkt, denkt morgen anders. Alle nicht-evolutionären Vorgänge im Denken werden transformiert. [....] Das heißt, Denken kommt spontan mit den Gesetzen der Natur in Einklang." [63]

Hier liegt der Schlüssel, um gesellschaftliche Phasentransformationen zu erklären. Denn wenn das Bewusstsein auf der universellen Ebene des Lebens wirksam werden und feinste Denk- und Gefühlsimpulse setzen kann, werden auch in der Umwelt auf grundlegend und sehr abstrakte Weise alle Naturgesetze belebt. Das kollektive Bewusstsein, aus dem heraus alle wesentlichen Steuerimpulse für die Gesellschaft ihren Ausgang nehmen, wird hierdurch gleichsam von „innen", das heißt von seiner feinsten Ebene her, bereichert. Die Kultur erfährt Belebung von ihrem Ursprung her, und alle konkreten Ebenen des Denkens und der Aktivität erfahren lebensfördernde Einflüsse. Dies ist der kollektive Aspekt des TM-Sidhi-Programms und der Ausbildung höherer Bewusstseinsformen in unserer Gesellschaft.

Es ist bezeichnend, dass hervorragende Naturwissenschaftler dieser Generation sich mit den soziologischen Wirkungen dieses Programms zur Entfaltung einer ganzheitlichen Kultur und Gesellschaft auseinandersetzen und in zahlreichen Symposien und internationalen Konferenzen gemeinsam mit Maharishi Mahesh Yogi die weitreichenden Konsequenzen einer Einführung der Technologie des Vereinheitlichten Feldes in die verschiedenen

Gesellschaftsbereiche diskutiert haben. Dass der Entfaltung eines höheren Potenzials in Zukunft wachsende Aufmerksamkeit geschenkt werden sollte, ist – wie diese Begegnungen gezeigt haben – vielen verantwortlichen Persönlichkeiten mehr als deutlich. Es beruhigt, dass der Wissenschaftler von heute menschbezogener und damit auch gleichzeitig kosmischer denkt. Die „innere Umstimmung des Geistes der Naturforschung", wie der Biologe Adolf Portmann es genannt hat, ist in vollem Gange.

Zu dieser „Wandlung, die statt des Herrschaftswissens, das uns vor die äußerste Bedrohung unseres Daseins geführt hat, ein Heilwissen erstrebt, das unser gefährdetes Leben wieder menschenwürdig macht", [64] gehört auch die zunehmende Bereitschaft des Einzelnen, durch den „Einsatz seiner eigenen Verwandlung" an dem Wandel des Ganzen mitzuarbeiten. Höhere Bewusstseinszustände sind die voraussagbaren Früchte dieser „Arbeit", die im Erlernen des „Weniger-tun" alles erreicht, was sich der Mensch auf dieser Erde für seine Evolution zu erträumen vermag.

Dafür bedarf es lediglich des Wissens über die naturgesetzlichen Bedingungen, wie wir diese Evolution individuell und gesellschaftlich verwirklichen können. Dazu bedarf es aber auch der Einsicht, dass der Mensch zu mehr angetreten ist als Religion, Erziehung und Gesellschaft als Ganzes es allgemein hinstellen. Ohne den Mut, Prämissen in Frage zu stellen, Einstellungen zu hinterfragen und unsere Wünsche „an den Himmel zu schreiben" werden wir am Ende mit leeren Händen dastehen.

„Wenn man versteht und fühlt, dass man schon in diesem Leben an das Grenzenlose angeschlossen ist, ändern sich Wünsche und Einstellung. Letzten Endes gilt man nur wegen des Wesentlichen, und wenn man das nicht hat, ist das Leben vertan", heißt es bei C. G. Jung. [65]

Das Wesentliche ist unsere eigene Mitte, unser eigenes Selbst. Wenn die Natur einen „Heilsplan" für unsere geplagte Erde bereithält, dann wird dieser Plan sich nur aus dem Zentrum des Menschen selbst erfüllen. An einen „deus ex machina" äußerer Art zu glauben, ist leerer Wahn. Ordnung, Frieden und Harmonie finden in uns selbst statt, sonst nirgends. Und wenn uns Ängste bedrücken um die Zukunft unserer Erde, dann sollten wir uns fragen, warum wir es immer noch vorziehen, Milliarden für Rüstung, Medikamente, Krankenhäuser und Gefängnisse alljährlich „in die Luft zu blasen", anstatt mit einem Bruchteil dieser Gelder unser Erziehungssystem auf den dringend benötigten Stand der Evolution zu bringen und jedem Kind das ABC des Naturgesetzes für ein Leben in Erfüllung und Freiheit zu vermitteln, bevor es in Pessimismus und Chaos der Unwissenheit unserer Zeit versinkt.

Der Menschheitstraum „Fliegen" und die mit ihm verbundene Erkenntnis und Erfahrung höherer Bewusstseinszustände für jeden Einzelnen verdienen, „ernst genommen" zu werden, damit sich der immer noch allzu traurige Anblick der Menschheit in die Fröhlichkeit und Unbeschwertheit seines naturgewollten „wahren Gesichts" verwandeln kann. Dafür teilen wir den Optimismus von H. G. Wells, der nach einem Vortrag ausrief: „Und es wird ein Tag kommen, ein Tag in der endlosen Reihe der Tage, wo Menschen, die heute erst in unseren Gedanken existieren und noch ungezeugt sind, sich von dieser Erde erheben werden, wie man sich von einem Schemel erhebt, und in homerisches Gelächter ausbrechen werden, wenn sie nach den Sternen greifen." [66]

Die Einheit von Subjekt und Objekt

Die von Maharishi Mahesh Yogi begründete Vedische Wissenschaft, die das jahrtausendealte Wissen vom Subjekt mit der modernen Naturwissenschaft verbindet, ist eine der vielverheißendsten Ansätze zu einer Integration unseres Wissens von Welt und Selbst. Diese Synthese, erzielt durch die Begegnung der beiden großen Erkenntniswege von Ost und West, verspricht uns für diese Generation einen der größten Entwicklungssprünge innerhalb der Menschheitsgeschichte. Sind wir bereit für diese Begegnung?

„Wahrscheinlich darf man ganz allgemein sagen, dass sich in der Geschichte menschlichen Denkens oft die fruchtbarsten Entwicklungen dort ergeben haben, wo zwei verschiedene Arten des Denkens sich getroffen haben. Diese verschiedenen Arten des Denkens mögen ihre Wurzeln in verschiedenen Gebieten der menschlichen Kulturen haben oder in verschiedenen Zeiten, in verschiedenen kulturellen Umgebungen oder verschiedenen religiösen Traditionen. Wenn sie sich nur wirklich treffen, das heißt, wenn sie wenigstens soweit zueinander in Beziehung treten, dass eine echte Wechselbeziehung stattfindet, dann kann man darauf hoffen, dass neue und interessante Entwicklungen folgen." [67]

An der MERU und den ihr angeschlossenen Instituten werden heute, wie wir gesehen haben, bahnbrechende Forschungen im Bereich höherer Bewusstseinszustände gemacht. Diese Forschung hat zum ersten Mal in der Geschichte der Subjekt-Erforschung objektive Parameter aufgestellt, mit deren Hilfe es möglich ist, die physiologischen, psychologischen und soziologischen Korrelate der Bewusstseinsentwicklung zu definieren und zu messen. Die Computerspektrogramme der EEG-Messungen zum TM- und TM-Sidhi-Programm, wie sie an der MERU mithilfe modernster

Apparaturen erstellt werden, haben die mit Sicherheit fortgeschrittensten Ergebnisse im Bereich neurophysiologischer Erforschung höherer Bewusstseinszustände erbracht.

Die hierdurch gewonnenen Parameter erlauben schon heute, eine „Neurophysiologie der Erleuchtung" zu definieren, in deren Zentrum die vollkommene geistige und körperliche Gesundheit des Menschen liegt. Dieser gleichsam „kosmisch" gewordene Mensch ist das erstrebte Ideal aller Kulturen seit Anbeginn der Zeiten; es blieb jedoch unserer Generation vorbehalten, die Gesetzmäßigkeiten, die zu einer Entwicklung dieses Menschen führen, objektiv zu erfassen und damit eine noch nie dagewesene Möglichkeit kollektiver Verwirklichung unseres Menschheitsideals aufzuzeigen. Der kosmisch bewusste Mensch ist die Lösung unserer gesamten materiellen und metaphysischen Krise. Aus dem Chaos der Zeit geboren, ist das höhere Bewusstsein des neuen Menschen die Antwort der Natur auf die fortgesetzte Verletzung ihrer Gesetze durch den Menschen. Menschheit im Wandel: Die Erkenntnis der Großartigkeit der planetaren Transformation durch das Bewusstsein der Einzelnen lässt allen Kulturpessimismus vergessen.

Aber was ist dieser „kosmische" Mensch? Es ist der alte Adam im neuen Gewand erhöhter und verwandelter Existenz; es ist reines Bewusstsein im Weltmittelpunkt absoluter Windstille inmitten aller Wechselfälle des Lebens, es ist absoluter Einklang mit dem Naturgesetz, absolute innere und äußere Harmonie und darum Erfüllung, Glück und Gesundheit für den Einzelnen und seine Umwelt. Wie sagt es so schön Edgar Mitchell, amerikanischer Wissenschaftler und Astronaut:

„Das Resultat allen ernsthaften Strebens jedoch ist die Veränderung des ganzen Bewusstseins desjenigen, der den Weg geht. Der Wanderer erfährt, manchmal allmählich, manchmal plötzlich – eine zuvor nicht gesehene Ordnung und Bedeutung im Universum, eine Erkenntnis, die dem Leben durch das Verschmelzen der individuellen Grenzen mit dem Kosmos Bedeutung gibt. Er erkennt zu seiner Verwunderung, dass der tiefste Aspekt seiner selbst eins ist mit der ganzen Schöpfung. Diese radikale Erweiterung der Bedeutung von „Ich" ist als Kosmisches Bewusstsein bezeichnet worden. Es ist ein Zustand, in welchem die ständige Bewusstheit der Einheit mit dem Universum alle Aspekte des Lebens erfüllt. Jede Aktivität, jedes Verhältnis, jeder Gedanke wird durch das Wissen der Einheit des Selbstes und der Welt geleitet. Innerer und äußerer Raum sind vereinigt, und die Unmenschlichkeiten, die die Menschen aneinander begehen, und die Dummheiten, die sie in der Natur anrichten, sind nicht mehr möglich. Diese innere Selbstregulierung ist die beste Sicherheitsmaßnahme gegen die Zerstörung der Welt." [68]

Die Entwicklung Kosmischen Bewusstseins ist im Evolutions-plan des menschlichen Nervensystems vorgesehen. Durch die jahrtausendealte Praxis des Transzendierens, das heißt die systematische Erfahrung subtilerer, „weniger angeregter" Ebenen des Bewusstseins, ist der Mensch in der Lage, Kontakt mit seinem Ursprung, seinem innersten transzendentalen Wesenskern aufzunehmen, der die Quelle aller Gedanken, Gefühle und inneren Wahrnehmungen ist und in dem das begrenzte Ich-Bewusstsein sich zur Erfahrung kosmischer Ganzheit im eigenen Selbst ausdehnt.

Das Ziel der täglichen Praxis der Transzendentalen Meditation und der TM-Sidhi-Techniken liegt darin, dieses Kosmische Bewusstsein schrittweise im Individuum zu entfalten und den während der Meditation erfahrenen Zustand der inneren Ganzheit inmitten der Aktivität des täglichen Lebens aufrechtzuerhalten. Dies entspricht der von Maharishi Mahesh Yogi vorgeschlagenen Definition von Kosmischem Bewusstsein, das die Erfahrung reinen, unbegrenzten Bewusstseins bei gleichzeitiger Aktivität des Wachzustandes beinhaltet. Eine derart vom inneren Zentrum unseres Selbst gelenkte Aktivität ist spontan lebensfördernd und richtig und erfährt darum die volle Unterstützung der Natur, die von der feinsten, nicht-angeregten Ebene der Schöpfung her aktiv ist.

Kontakt mit dieser Ebene im eigenen Bewusstsein bedeutet darum, das volle Potenzial des Naturgesetzes für sich und seine Umwelt zu verwirklichen und durch Ausschöpfung der enormen kreativen Möglichkeiten des Bewusstseins ein bereichertes und allseits erfülltes Leben zu führen.

Die wissenschaftlichen Untersuchungen der MERU haben über die vergangenen Jahrzehnte zu der Erkenntnis bestimmter physiologischer und psychologischer Korrelate geführt, welche charakteristisch nicht nur für die Erfahrung des Kosmischen Bewusstseins, sondern für weitere Phasen der Bewusstseinsentwicklung sind. Die physiologischen Korrelate höherer Bewusstseinszustände werden, wie wir bereits sahen, durch die zunehmende Aufrechterhaltung einer hohen EEG-Kohärenz im Wachzustand bestimmt.

Zur Entfaltung höheren Bewusstseins über das Kosmische Bewusstsein hinaus schreibt Dr. Byron Rigby von der MERU:

„Eine weitere Entwicklungsstufe ist das Einheitsbewusstsein, in dem die Sinneswahrnehmungen zunehmend schärfer werden. Mit Maharishis Worten werden „feinere Aspekte des Objekts der Wahrnehmung erfahren" in fast derselben Weise wie feinere Aspekte im Denkvorgang bei der zunehmenden Erfahrung transzendentalen Bewusstseins wahrgenommen werden. Sobald der feinste Aspekt des wahrgenommenen Objekts erkannt wird, schließt das Bewusstsein des eigenen Selbst die Wahrnehmung des Objekts mit ein.

Hier ist der Punkt erreicht, an dem die gemeinsame Grundlage oder der Ursprung subjektiver Erfahrung, z. B. Gedanken, Gefühle usw. und objektiver Erfahrung, z. B. Wahrnehmungen, auf der Ebene der Sinneseindrücke erkannt wird. Nach Angaben in der traditionellen Literatur besteht in diesem Zustand ein starkes Mitgefühl für andere und die Umgebung, die nun in wachsendem Maße als Ausdehnung des eigenen Selbst empfunden wird. Mit zunehmender Verwirklichung dieses Zustandes entwickelt sich auch die Fähigkeit, Dinge der objektiven Welt durch bloße Gedankenimpulse zu verändern oder zu beeinflussen.

Da reines Bewusstsein allgegenwärtig ist, unterliegen auch die äußeren Objekte genauso wie der eigene Körper dem Willen. So entstehen Fähigkeiten wie das Beherrschen von Hunger und Durst, das Entdecken versteckter Dinge, Unsichtbarwerden und Fliegen.

Die Grundlage dieser als ‚Sidhis‘ bekannten Fähigkeiten besteht darin, auf der Ebene des Zustandes der geringsten Anregung des Bewusstseins handeln zu können, die als Heimstatt aller Naturgesetze angesehen wird." [69]

In diesem Zustand schöpft das Bewusstsein aus dem „Feld aller Möglichkeiten": Subjektive und objektive Welt durchdringen sich gegenseitig, fließen ineinander, werden zur Wirklichkeit der Selbst-Welt-Einheit. Der erleuchtete Mensch lebt diese Einheit mit jedem Atemzug seines Seins. Für ihn ist die Spaltung endgültig überwunden. Wo keine Spaltung ist, ist auch keine Angst mehr. Bewusstsein ist zum vereinheitlichten Feld geworden und hat damit Ganzheit verwirklicht, universelles Leben, das den Einklang mit der Gesamtheit aller Naturgesetze beinhaltet.

Prof. Geoffrey Clemens von der MERU schreibt: „Die bemerkenswerte Tatsache, dass auf der Grundlage der den Denkprozess steuernden Gesetze jene Gesetzmäßigkeiten gefunden werden konnten, die die Prozesse der äußeren physikalischen Welt beschreiben, ist ein direkter Hinweis dafür, dass eine tiefgehende Verbindung zwischen dem menschlichen Geist und der objektiven Wirklichkeit besteht. Es ist nicht länger möglich, den Geist nur als einen innersten, privaten Bereich anzusehen. Vielmehr sind inneres Denken und äußere Wahrnehmung als Ausdruck des Wirkens eines grundlegenden, universellen Bereiches der Naturgesetze zu verstehen, der als gemeinsamer Ursprung der inneren und äußeren Realität beide regiert." [70]

Noch weiter gehend schreibt Bob Toben: „Wir haben erkannt, dass Bewusstsein und Energie ein und dasselbe sind. [...] Das physische Universum existiert nicht unabhängig vom Gedanken seines Bewohners. Der Gedanke, dass Bewusstsein als Wurzel des materiellen Universums anzusehen ist, geht schon auf Parmenides, Bischof Berkeley, Alfred Whitehead und den bekannten britischen Wissenschaftler Sir James Jeans zurück. Letzterer erklärte: Je mehr er das Universum studierte, desto weniger erschien es ihm als eine große Maschine, sondern eher als ein großer Gedanke." [71]

Die moderne Naturwissenschaft bietet zwar mit ihrem objektiven Wissensansatz eine Erklärung für die Realität der gesamten Reichweite der Schöpfung, indem sie zeigt, dass das selbst-rückbezogene quantenmechanische Feld die unmanifeste Grundlage aller Naturgesetze ist, aber das beobachtende Subjekt bleibt, selbst auf dieser grundlegendsten quantenmechanischen Ebene, immer noch vollständig getrennt vom Objekt. Die Naturwissenschaft der letzten Jahrhunderte war sogar stets darum bemüht, das Subjekt aus dem „Vorgang des Wissens" herauszuhalten, weil sie sich der reinen Objektivität verpflichtet sah. Dies erklärt, warum der objektive Wissensansatz nicht dazu beigetragen hat, im Menschen das volle Potenzial seiner Subjektivität zu entfalten. Trotz der grandiosen Welteinheitsschau der modernen Naturwissenschaft bleibt das Subjekt in seinem existentiellen Kern „draußen vor der Tür" und darum in letzter Instanz unverändert.

Die Maharishi-Technologie des Vereinheitlichten Feldes geht hier einen Schritt weiter, indem sie das als „vereinheitlichtes Feld aller Naturgesetze" beschriebene Feld mit der selbst-rückbezogenen Natur des beobachtenden Subjekts identifiziert. Dies bedeutet, dass im letzten Schritt der Entwicklung das Objekt mit dem Subjekt verschmolzen ist und Letzteres nun im Zustand reiner Selbst-Rückbezogenheit die Welt als Ausdruck des eigenen Selbst erfährt.

Dieses Phänomen der Verschmelzung innerer und äußerer Realität auf der Ebene des quantenmechanischen Feldes birgt Erklärungsmöglichkeiten genug für das Auftreten „höherer Fähigkeiten" im Menschen. Wer jenen subtilen, äußerst abstrakten Bereich des Naturgesetzes tangiert, aus dem heraus die subjektive und objektive Welt gleichermaßen hervorgehen, hält auch den Schlüssel des Mysteriums in den Händen, mit dem sich der Mensch seit Urzeiten den „Himmel auf Erden" erschlossen hat.

Durch den integrierenden Ansatz der Maharishi-Technologie des Vereinheitlichten Feldes öffnet sich das menschliche Bewusstsein dem vereinheitlichten Feld aller Naturgesetze und lässt die in diesem Feld enthaltene unendliche Organisationskraft, Harmonie und Kreativität im Einzelnen lebendig werden. Dadurch wird ein Leben möglich, in dem jeder Mensch volle Unterstützung durch die Natur für jeden seiner Gedanken- und Handlungsimpulse findet, weil er spontan aus sich heraus im Einklang mit der grundlegendsten Ebene des Naturgesetzes lebt.

Bewusstsein erfährt seinen eigenen Grund, Bewusstsein erfährt Bewusstsein als Matrix des Kosmos – dies ist die eine große Realität der Einheit, aus der heraus sich der Mensch alles erschaffen kann, was er zu erträumen vermag. Durch die Entwicklungsgeschichte des Bewusstseins zieht sich der rote Faden dieses Wissens, das die großen Erleuchteten der Menschheit den Völkern durch die Jahrtausende vorweggelebt haben: dass das Abstrakte dem Konkreten, das Immaterielle dem Materiellen, das Unmanifeste dem Manifesten und damit letztlich Bewusstsein allen Phänomenen zugrunde liegt. Unsere Zeit ist jetzt reif für diesen neuen Entwicklungssprung, der uns kollektiv das Wissen um die letztgültige Funktion des Naturgesetzes geben wird.

Eine neue Dimension

Das ehemals so streng postulierte, vom Menschen getrennte Universum, das, ebenso wie der vom Menschen getrennte Gott, immer „draußen", immer woanders lag als die Seele, ist uns plötzlich mit den Entdeckungen der Quantenphysik näher gerückt. Es ist, als hätte eine neue Generation von Forschern diesen Spuk der immer „anderen Seite" der Welt nicht länger ertragen. Der „Aufbruch in das Innere der Materie" ist zu einem Aufbruch zum Sein geworden, in dem sich Stoff und Geist berühren und ihre wesensmäßige Identität zu erkennen geben.

Dann war diese ganze irrsinnige Trennung von Ich und Welt vielleicht nur ein grotesker Irrtum gewesen, entstanden aus der Begrenztheit unserer Erkenntnis und Wahrnehmung, so wie ein friedliches Kaminfeuer, durch ein Schlüsselloch geschaut, wie ein gefährlicher Stubenbrand erscheinen kann. Wenn alle Energie und Materie sich in einem Meer von Strahlen und Teilchen auflöst, wenn der Kosmos seine eigentliche Struktur aus dem Zentrum seines „innersten Seins" preisgibt, dann war vielleicht auch das letzte und eigentliche Rätsel unseres Menschseins und dessen Lösung in diesem „Inneren" zu finden und in seiner Begegnung mit dem „Äußeren"?

In der Psychologie durch Freud und Jung, in der Physik durch Einstein vorbereitet, hatte es bereits wichtige, längst vom „nur Religiösen" losgelöste Versuche in unserem Jahrhundert gegeben, die Schöpfung als ein unteilbares Ganzes zu sehen. Waren nicht auch ähnliche Gedanken von den Vorsokratikern, Spinoza und anderen Philosophen ausgedrückt worden?

Was einst der Philosophie vorbehalten war, ist heute jedoch zu einer Angelegenheit der Naturwissenschaft geworden. Sie, „der verlorene Sohn" der Religion, führt heute die Menschheit zur Erfahrung einer neuen Daseinsschau unseres Universums, die alle Vergitterungen der Vergangenheit sprengt und die Raum gibt für eine neue, universale Welt-Geistigkeit. Der Kreis schließt sich wieder, die Reintegration der verlorenen Dimension ist bereits tägliche Wirklichkeit vieler Menschen. Haben die althergebrachten Religionen diese kollektive Transformation verstanden?

Es scheint, dass wesentliche Grundfragen unseres Menschseins, auf die eine Religion der Vergangenheit noch eine Antwort zu geben versuchte, heute überhaupt nicht mehr von der Religion gestellt, geschweige denn beantwortet werden. An ihre Stelle ist die Wissenschaft getreten, allerdings mit ihrer nicht weniger prekären Möglichkeit einer unmenschlichen Nutzung ihrer Erkenntnisse. Aber der verantwortliche Wissenschaftler von heute schaut weiter; hinter den „Glaubenssätzen" aus Spiegelteleskopen, Teilchenbeschleunigern und Elektronensynchrotonen setzt sich eine grandiose Welteinheitsschau zusammen, die in ihrem Kern die verlorene Dimension des Religiösen zu einer noch nie dagewesenen Welt-Spiritualität erhöht, Menschheit an der Zeitenwende. Das „Äußere" wird nach innen gekehrt, das „Innere" kehrt sich nach außen. Die weltimmanente Transzendenz allen Lebens und Seins wird Wirklichkeit des Menschen.

Vielleicht verstehen wir jetzt, warum unsere Erde nur aus dem Inneren erwachen kann. Denn wenn alles, was wir subjektiv sind, nicht nur seinen Widerhall im Bereich der objektiven Welt findet, sondern die objektive Welt in ihrem feinsten Schwingungszustand unser eigenes Selbst ist, dann werden der Einzelne und mit ihm die Gesellschaft gezwungen sein, das Äußere, das sogenannte Objektive, als Teil von sich selbst zu erkennen und zu empfinden. Und diese Empfindsamkeit des neuen Menschentypus, der die Welt als Ausdehnung seines eigenen Selbst erfährt, wahrnimmt und erfühlt, muss notgedrungenermaßen eine andere Verhaltensform gegenüber dem Leben und den Daseinsformen unserer Erde einschließen. Denn diese Einheit ist nicht nur ein „geistiges Spielzeug" der Philosophen, sondern eine existentiell transformierende Wirklichkeit des Lebens, die auf alle Ebenen unseres Lebens bis in die letzten Nischen des Seins übergreift.

Ist es möglich, dass, ausgerüstet mit so weitreichenden Erkenntnissen, die Wissenschaft zur Mystik geworden ist? Wenn ja, dann liegt es nahe, dass das, was ehemals als „mystisch" und fern von der Erfahrung der Masse lag, heute im Zuge der „Kollektivierung" des Wissens seinerseits zur Wissenschaft werden muss. Die zunehmende Erforschung des inneren Menschen scheint darauf hinzudeuten. Das Forschungslabor der Zukunft ist das menschliche Bewusstsein. Und Bewusstsein wird quantifizierbar, Erfahrungen höherer Bewusstseinszustände, die ehemals dem „mystischen Bereich" zugeordnet waren, werden systematisch erfassbar und damit mehr und mehr Menschen zugänglich.

Eine neue Generation bereitet sich in aller Stille darauf vor, ein Weltbild der Einheit und Ganzheit zu entwickeln, in dem wissenschaftliche Aussagen über den „inneren Raum", über „Unsterblichkeit", „Ewigkeit", „Glückseligkeit" etc. gemacht werden und umgekehrt – der Reisende des „äußeren" Raums auf seinen „Spazierfahrten" ins All seinen eigenen „inneren Raum" wiederentdeckt.

Bedeutet all dies vielleicht, dass wir an eine unvorstellbare Wegkreuzung unserer geistigen und physischen Evolution gekommen sind, die unseren Erfahrungshorizont gleich um mehrere Dimensionen erweitert?

Dann hat sich der Kreis endgültig geschlossen. Dann hat der Denkende sich in der „Erscheinung" wiedergefunden, weil die „Erscheinung" nichts als ein großer kosmischer Gedanke ist, ein einziges, ins Unendliche immens ausgedehnte Super-Teilchen, das aus seinen spontanen, sequentiellen Symmetriebrechungen die ganze Vielfalt des Universums hervorbringt. Dann ist das Rätsel von Sein und Werden – zumindest im Ansatz gelöst. Bewusstsein erkennt Bewusstsein als Grundbaustein der Weltordnung. Bewusstsein begegnet sich selbst in der unendlichen Selbst-Rückbezogenheit allen

Seins. Erkennender, Erkanntes und Erkenntnisprozess offenbaren sich als eine gemeinsame Wirklichkeit allen Seins.

Der Weg hierzu führt nur über die direkte Erfahrung dieser Geist und Stoff verbindenden Einheit im Erkennenden selbst. Genau dies ist es, wir sagten es bereits, was die großen Erleuchteten und Heiligen, Mystiker und Yogis, und die tausend ungenannten, unklassifizierten Großen der Vergangenheit und Gegenwart der Menschheit vorgelebt haben und vorleben, nämlich dass der Geist das Stoffliche, das Sein das Werden, die Transzendenz die Immanenz regieren und lebendig machen.

Oder was geschieht denn anderes während der sogenannten „Wunder", die so offensichtlich die geltenden Naturgesetze des Hiesigen außer Kraft setzen? Ist Levitation etwas anderes als der gelungene Übergriff des Geistigen auf das Materielle? Gibt es einen besseren Beweis für das Supremat des Bewusstseins über die Stofflichkeit, wenn der Körper, unter dem Gesetz der Gravitation stehend, durch den Impuls reinen Bewusstseins emporgehoben wird?

Die oft erschütternden Berichte von Augenzeugen dieser Erfahrungen des „Wunders" zeigen, wie viel an Unwissenheit und Erstarrtheit in diesem Augenblick von der Seele fällt, wenn der Kosmos in einem geschenkten Augenblick der Transzendenzerfahrung wieder „zurechtgerückt" wird. Ganz zu schweigen von jenen, die diese Erfahrung selbst gemacht haben und machen. Carl-Friedrich von Weizsäcker schrieb einmal, dass er ohne die Erfahrung der Levitation und Erleuchtung die „Erstickungserlebnisse" mancher Jahre nicht überstanden hätte. [72]

Die Wissenschaft des Bewusstseins ist heute dabei, eine „verrückte" Welt wieder ins Lot zu bringen. Verrückt, weil der Mensch einen permanenten „Erstickungstod" im Nur-Materiellen erfährt, aus dem es keine Befreiung gibt, es sei denn, dass wir die Welt des Geistigen und Stofflichen in der Erfahrung unseres eigenen Seins, und darum nicht nur in der Theorie, versöhnen. Wenn es, wie Meister Eckehart es einmal ausdrückte, einen Bereich gibt, in welchem „die obersten Engel und die Fliege und die Seele gleich sind" (Predigt 32), dann birgt dieser Bereich die Lösung der ewigen Problematik menschlicher Existenz, weil in ihm aller Widerspruch zwischen Stofflichkeit und Geistigkeit aufgelöst ist und weil die Erfahrung dieser grundlegendsten aller Schöpfungsebenen alle Bereiche des Lebens gleichermaßen bereichert und erfüllt.

„Die Menschen gehen auf ihrem Planeten im Kreis wie in einem Käfig, weil sie vergessen haben, dass man den Himmel sehen kann", hat Eugene Ionescu 1912 anlässlich der Eröffnung der Salzburger Festspiele seinem Publikum gesagt. Sind wir uns im Klaren darüber, dass wir diesen Kreislauf im Käfig nur beenden werden, wenn wir den Himmel in uns selbst erkennen werden? Die Erkenntnisse der naturgesetzlichen Zusammenhänge zeigen uns mehr als deutlich, dass der Mensch lernen muss, aus sich selbst heraus jene Harmonie und Ordnung zu entwickeln, die ihm erlaubt, mit seiner Umwelt, seinem Heimatplaneten und dem gesamten Universum in Einklang zu sein. An diesem Werk der Integration kosmischer Ordnung im Sinne eines Lebens im Einklang mit dem Gesetz der Natur führt kein Weg vorbei.

In seinem Buch „Die Qualität des Menschen" fordert Aurelio Peccei, Gründer und unlängst verstorbener Präsident des „Club of Rome", dass der Mensch angesichts seiner gewaltigen, immer weiter wachsenden Macht eine neue Rolle als „Moderator des Lebens" auf der Erde übernehmen müsse. „Diese seine neue Rolle verpflichtet ihn zu äußerstem Einsatz: denn sie überträgt ihm Funktion und Verantwortung für Entscheidungen, die einst der Weisheit der Natur oblagen oder gar ein Vorrecht der Vorsehung waren." [73]

Wie aber soll der Einzelne dieser Verantwortung gerecht werden, solange der „innere Maßstab" und das Potenzial dazu fehlen und solange die moderne Gesellschaft der allgemeinen Verödung des Bewusstseins nicht die Humanisierung aus dem Zentrum des Menschen selbst entgegenstellt?

„Alles Gute und Schöne, was wir uns für eine Veränderung der Welt vorzustellen vermögen, kann nutzlos verpuffen, wenn diese Veränderung nicht auch und vor allem im wesentlichen Element alles Menschlichen, im Menschen selbst, stattfindet. [...] Die Ursachen der gegenwärtigen Probleme und Irrwege können einzig nur in seinem Verhalten gesucht werden."[74]

Die Lösung der Krise unserer Gesellschaft kann nur aus der Erschließung des brachliegenden Potenzials des Einzelnen kommen. Denn wo auch immer wir den Schuldigen für Unrecht, Gewalt, Unfrieden und Leid suchen, der Finger zeigt auf uns selbst, das heißt auf den unerlösten, friedlosen Einzelnen im Gefüge einer ebenso friedlosen Masse von Einzelnen. Wenn wir morgen leben wollen, müssen wir heute leben lernen – eine andere Alternative gibt es nicht. Der Mensch ist von der Natur dazu berufen, den Evolutionsprozess im Hiesigen voranzutreiben. Dazu bedarf es des unvoreingenommenen, ja begeisterten Einsatzes für die Erschließung der latenten Kräfte in uns selbst.

Der universale Bewusstseinswandel, der den Ausweg aus der Krise bedeutet, ist nur über das Individuum möglich. Ob, wie es die Zeitung „Newsweek" unlängst prophezeite, „die Erde ein verwüsteter Planet" sein wird, „die Hälfte der Wälder verschwunden sein werden und dort, wo fruchtbare Äcker waren, Sanddünen existieren werden", wird letztlich an der Entscheidung des Einzelnen liegen. Noch nie in der Geschichte der Menschheit ist die Verantwortung des Einzelnen so groß gewesen wie heute in unserer modernen „Massengesellschaft". Wir sind Zeuge und Nutznießer eines immensen materiellen Fortschritts, sind aber noch nicht einmal in der Lage, unsere Gedanken und Gefühle in den Griff zu bekommen. Wir haben die ersten Menschen auf den Mond geschickt und leben dabei täglich unter der Angst, dass der geistige Amoklauf von ein paar Politikern oder Militärs den gesamten Planeten in wenigen Augenblicken auf die wahnsinnigste Weise in die Luft sprengen könnte.

Martin Luther King, jener hellsichtige Protagonist einer Welt der Brüderlichkeit und Freiheit, hat es einmal so ausgedrückt: „Die Mittel, mit denen wir leben, haben unsere Ziele weit überrundet. Unsere wissenschaftliche Macht ist unserer geistigen davongelaufen.

Wir bringen unsere Raketen auf die richtige Bahn, haben aber den Menschen auf die falsche gebracht." [75]

Höheres Bewusstsein entwickeln bedeutet, die richtige Bahn des Naturgesetzes auf der feinsten Ebene der Persönlichkeit zu verfolgen und durch dieses „innere Gerichtetsein" unser Leben spontan, das heißt ohne Rat und Führung „Dritter", nach den uralten Gesetzen von Wahrheit, Gerechtigkeit und Freiheit zu leben. Das unermessliche Schöpfungsreservoir im Menschen wartet nur darauf, „angezapft" zu werden, und das Einzige, was zu dafür zu tun ist, ist letztlich „ja" zu unserer ureigensten Verantwortung zu sagen, unsere geistige, körperliche und materielle Freiheit zu entwickeln.

Die künstliche Lebensangst des Menschen, durch die sich Gewalt, Unrecht, Armut und alle Formen seelischen und körperlichen Elends aufrechterhalten, muss nicht notwendigerweise eine Begleitkonstante des menschlichen Entwicklungsprozesses sein. Ganz im Gegenteil – sie hilft nur, die Versklavung des Bewusstseins zu verewigen und beraubt uns der eigentlichen naturgewollten Erfüllung unseres Menschseins.

Aber die Evolution lässt sich nicht aufhalten. Es ist nur die Frage, ob wir sie durch das konstruktive Spiel unseres Wachstums zu Freiheit und Glück oder unter den Wehen des Leids „lernen" wollen. Solange der Mensch nicht gelernt hat, im Einklang mit dem Naturgesetz, das heißt mit dem Evolutionsplan zu leben, riskiert er, zum Spielball der destruktiven Kräfte der Natur zu werden. Umgekehrt erfährt derjenige, der im Einklang mit dem Naturgesetz lebt, Fortschritt und Unterstützung in allen Lebensbereichen.

Wer sich die Entfaltung seines menschlichen Potenzials zur vordringlichsten Aufgabe gemacht hat, erfährt diesen „Pakt" mit der Natur und erlebt das tägliche Wunder seines eigenen Wachstums zur Freiheit und Menschlichkeit, in der ihm die ganze Welt zum „Bundesgenossen" wird. Wenn unsere Gesellschaft mehr Freiheit verspricht als sie tatsächlich zu „halten" vermag, dann gilt es jetzt, zu dieser Stunde, dieses uneingelöste Versprechen uns selbst gegenüber einzulösen. Was die Menschheit mehr denn je braucht, ist der Protagonist der inneren Freiheit, die eine unverzichtbare Qualität der Dimension des neuen Menschen ist.

In einer Zeit der Katastrophen-Theorien, die bis hin zur Selbstvernichtung der gesamten Menschheit reichen, ist der Ruf einer praktischen „Potenzialität des Guten" dringende Notwendigkeit. Dabei geht es nicht mehr um „reden", sondern um „tun", und das „Gute" ist nicht „ein Gutes mehr" für den Tisch der Philosophen, sondern die existenzielle Verwandlung des Menschen im Sinne der Evolution. Wer die Menschheitskatastrophe für möglich hält, sollte auch die „Eukatastrophe", das heißt die „unerhörte Wende" zum Guten nicht ausschließen. Eine echte Phasentransformation kann, gesellschaftlich gesehen, „welterschütternd" sein, aber sie ist dennoch das Zeichen eines Gesundungsprozesses an „Haupt und Gliedern".

Eine solche Wende zum Höheren im Lebensschicksal der Menschheit abzuleugnen und stattdessen das düstere Fatum von Weltuntergangsprognosen an die Wand zu malen, wie es immer noch geschieht, ist selbst nur Ausdruck der allgemein spürbaren Erschütterung des Seelischen. Es gibt auch Beispiele aus der Geschichte, wo ganze Völker der Stagnation und Beklemmung verfielen angesichts düsterer Zukunftsprognosen an Wendepunkten größerer Epochen.

Wir wissen auch, wie sehr kollektive Ängste Einfluss auf das politische, kulturelle und wirtschaftliche Verhalten der Nationen ausüben. Angst ist der größte Bremsklotz für den Fortschritt, weil sie kleinlaut, depressiv und undynamisch macht und ganze Kulturen am eigenen Fortschritt und Lebensglück hindern kann. Wer möchte daran zweifeln, dass hinter wirtschaftlichen Rezessionen, Wettrüsten, gesellschaftlichen Unruhen und kulturellem Niedergang die destruktive Macht der Angst liegt?

Wer Kriege, Krankheiten und Katastrophen als „notwendige Bewährungsproben der Menschheit" ansieht, der wird sich in naher Zukunft daran gewöhnen müssen, dass man hinter einem solchen Denken die lebensverneinende Grimasse des Fatalisten erkennt. Dass die Evolution seit jeher anderen Gesetzen gefolgt ist als denen der permanenten Selbst-Vernichtung, ist ein Grund zur Beruhigung. Und dass mit dem offensichtlichen Aufdämmern eines neuen Zeitalters eine bessere Stunde für unseren Heimatplaneten Erde geschlagen hat, ist ein Grund zur Fröhlichkeit.

Es tut gut zu wissen, dass auch das Glück noch Bewährungsproben zulässt, und zwar solche, „die es in sich haben", und dass, wie wir sahen, im Entwicklungsplan unserer Spezies noch nicht einmal der Tod seine logische, geschweige denn wissenschaftliche Notwendigkeit gefunden hat. Geschweige denn: Hiroshima, der Krebs oder das Erdbeben von Mexiko. Wir beginnen zu begreifen: Katastrophen, ob biologisch, sozial oder planetar, sind Antworten auf die beharrliche und unverbesserliche Verletzung der Naturgesetze durch den Menschen. Und im Einklang mit dem Naturgesetz zu leben, heißt: Ende der Tragödie des Homo Sapiens.

Diese Tragödie durch die „Logik des Guten" in den Triumph der Freiheit zu verwandeln, ist durch die Entfaltung unserer Bewusstseinskräfte nicht nur möglich, sondern voraussagbare Wirklichkeit. Ob wir uns für die Katastrophe am Abgrund oder für die Wende zum Guten entscheiden, wie sie uns Maharishi Mahesh Yogi in seiner Vision eines neuen Zeitalters, des Zeitalters der Erleuchtung in Aussicht stellt, liegt letztlich bei uns. Januskö pfig schauen wir in dieser Zeit des Wandels in beide Richtungen, wo sich Licht und Schatten im Feld der Übergänge ständig mischen und wieder trennen. Wäre es möglich, dass die Entscheidung längst gefallen ist?

.

Gesellschaft im Phasenübergang

Maharishi Mahesh Yogi hat im Dialog mit der modernen Naturwissenschaft über die letzten 25 Jahre das Weltbewusstsein progressiv angehoben und allen Nationen eine Zukunft in Aussicht gestellt, in der durch die systematische Erforschung und Erfahrung des individuellen und kollektiven Bewusstseins eine noch nie dagewesene Form der Ganzheit des Lebens entstehen kann. In den Gesprächen, die er mit Nicolai und de Witt, den Begründern der N-8 Supergravitationstheorie der Quantenphysik, in Anwesenheit hervorragender Wissenschaftler aller Fachbereiche geführt hat, ist deutlich geworden, dass das vereinheitlichte Feld aller Naturgesetze, wie es von der modernen Physik postuliert wird, in letzter Instanz nur auf seiner eigenen Ebene beobachtbar ist. Diese Ebene ist aber für den momentanen Forschungsstand bei weitem zu subtil, als dass sie in Begriffen physikalischer Messdaten erfassbar und damit beweisbar wäre.

Physiker der vordersten Front sind heute bereits der Überzeugung, dass die fundamentale Ebene der Natur überhaupt nicht mit Hilfe der klassischen Versuchsanordnung „messendes Subjekt – erforschtes Objekt" nachweisbar ist, sondern dass das Subjekt selbst allein in der Lage ist, die „Vereinheitlichung" aller Naturkräfte in seinem eigenen Bewusstsein zu verwirklichen. Dass das Subjekt auf den subtileren Ebenen der Erkenntnis physikalischer Gesetzmäßigkeiten „mit von der Partie" ist, wurde bereits beschrieben.

Wir wissen heute, dass es unmöglich ist, die Position oder den Impuls eines Elektrons genau zu bestimmen, weil das beobachtende Subjekt diese Werte bereits durch den bloßen Akt der Beobachtung verändert. Je mehr wir in die feinstoffliche Welt eindringen, dies gilt für alle Bereiche, desto „subjektiver" wird diese Welt.

Auf der Ebene des vereinheitlichten Feldes brechen nicht nur die Trennung von Zeit und Raum, Materie und Energie, sondern auch der Unterschied von Subjekt und Objekt zusammen. Beobachter, Beobachtetes und der Prozess der Beobachtung sind eins geworden. Das „Feld" erträgt keine Trennung, keine Aufspaltung in zwei oder mehr Aspekte, so wie der spiegelglatte Ozean keine Welle, nicht einmal das geringste Kräuseln zulässt. Als fundamental in sich selbst ruhendes, selbstgenügsames Feld ist es unendlich auch auf sich selbst rückbezogen, ja, kann nur aufgrund dieser Selbst-Rückbezogenheit die ganze Mannigfaltigkeit der Teilchen und Energien im Universum hervorbringen. Da nur Bewusstsein vollständig selbst-rückbezogen ist (was wir in der Selbst-Reflexion und kreativen geistigen Tätigkeit jederzeit erfahren), wird das vereinheitlichte Feld von namhaften Physikern mit dem Feld des Bewusstseins identifiziert.

In der alten tibetanischen Legende des Na-ro-pa gibt es eine Stelle, wo dem Helden der Erzählung das Geheimnis der Schöpfung erklärt wird. Es heißt da:

„Im Ich ruht der Tropfen des Urkörpers,
der Finger weist zurück: ‚Das Ich selbst ist da‘,
die Schlinge der Schlange
ist die Selbsterlösung aus dem Kreislauf." [76]

Das Selbst oder das Bewusstsein ist der Schöpfungsursprung oder anders gesagt: Selbsterkenntnis führt zur Erkenntnis der Zusammenhänge der Schöpfung. Die Erkenntnis der Zusammenhänge der Schöpfung führt zum Einklang mit dem Naturgesetz. Leben im Einklang mit dem Naturgesetz führt zur Erfüllung: der hundertprozentigen Geist-Körper-Welt-umfassenden Freiheit unseres Menschseins.

Welch eine Transformation im Bewusstsein unserer Zeit und damit im Schicksal unseres Planeten, dass der Mensch sowohl theoretisch als auch praktisch die „verlorene Einheit" wiedergewinnen kann und damit jene Kraft, die „die Welt im Innersten" zusammenhält. Die Ausbildung höherer Fähigkeiten im Menschen durch das TM-Sidhi-Programm ist der konkrete und jederzeit erfahrbare Nachweis der Wirklichkeit dieser Einheit. Wer die Bedeutung dieser wahrhaft kopernikanischen Wende unserer Erfahrung verstanden hat, der wird auch begreifen, dass die Transformation im kollektiven Bewusstsein der Menschheit auf den Gewinn dieser Bewusstseinsganzheit für jeden Einzelnen angelegt ist.

Was vormals wie lebensferne Utopie hätte klingen können, ist heute vor dem aktuellen Erfahrungshintergrund zur greifbaren Wirklichkeit geworden: Jeder Einzelne, jede Gruppe und jede Gesellschaft kann heute durch die Belebung des vereinheitlichten Feldes im Bewusstsein des Menschen auf jedes beliebige Erfolgsniveau angehoben werden.

Der Aufbau einiger weniger Kohärenz schaffender Gruppen von Personen, die Experten in der Bewusstseinsforschung sind, kann jedes Land von einem Zustand permanenter Krisen und Konflikte zu optimalem Fortschritt in allen Lebensbereichen führen.

Hier ist eine Einladung an alle, die es ernst meinen mit einer besseren Zukunft der Erde, mitzumachen und ihren Traum von einer Welt zu verwirklichen, in der es sich lohnt zu leben.

„Ich bin ein Mensch: Von nichts, was die Menschheit betrifft, meine ich, es gehe mich nichts an",[77] schrieb der römische Dichter Terenz im 2. vorchristlichen Jahrhundert. Wir sollten nicht vergessen, dass unsere Betroffenheit um den Zustand der Menschheit erst dann eine Besserung herbeiführen kann, wenn wir an uns selbst gesund werden und diese Gesundung aus der Tiefe der geschenkten, selbstgeschöpften Einheit in den Dienst der gesamten Menschheit stellen. Es ist beruhigend zu wissen, dass diese Wahrheit, geboren aus der Erfahrung des „Feldes aller Felder", uns auch „feld-unabhängiger" macht von den wechselnden Erscheinungen des Heute-Morgen-Übermorgen.

Ohne den Mut zum Neuen und ohne Pioniergeist, die allein die großen Errungenschaften der Menschheit möglich gemacht haben, sähe es traurig aus um unsere Erde. Aber auch die Kontroverse um das Neue folgt dem Evolutionsplan. Der beobachtende Mensch erkennt hinter diesem „Stellungskrieg der Geister" Gesetzmäßigkeiten, die ihm erlauben, auch manches, was an Zweifel und Skepsis zum Thema „Bewusstsein" und den sogenannten „höheren Fähigkeiten" auftaucht, richtig einzuordnen.

Traditionsgemäß gehören in diese Gesetzmäßigkeiten, die den kollektiven Bewusstseinswandel seit jeher bestimmen, die obligatorischen Anfeindungen von Vertretern althergebrachter Denkformen ebenso wie der sogenannten „Progressiven" einer Kultur. Die Utopie des Möglichen wird zur Unmöglichkeit in den Augen jener, die verlernt haben, an das Leben zu glauben. Das Neue, das immer überraschend ist, immer „anders als man erwartet hat", wird zum Ärgernis für das Alte, das nicht mehr mit Neugier, Unschuld und Natürlichkeit auf den Ruf der Zeit reagieren kann. Aber auch die Herausforderung gehört zum Paradigmenwechsel. Ohne Gärung wird der neue Wein nicht gut.

Ähnliches gilt für die Maharishi-Technologie des Vereinheitlichten Feldes mit ihren „unglaublichen" Ansprüchen. Wie sagte sein Begründer einmal?

„Alles, was wir seit Anfang der Bewegung gesagt haben, war unglaublich; aber es wurde schließlich geglaubt. Von Anfang an sind wir unmöglich gewesen, und wir müssen fortfahren, unmöglich zu sein, weil wir unsere Stimme erheben gegen das Leiden, das bisher für die Natur des Lebens gehalten wurde. Es ist für uns eine Freude, unmöglich zu werden." [78]

Es ist tröstlich, aus den Erkenntnissen kulturhistorischer Abläufe zu erkennen, dass Transformationen von so umfassender Größe, wie wir sie gerade erleben, nie ohne Erschütterungen ablaufen können. Die Erhabenheit dieses kosmischen Spiels der Verwandlung eines ganzen Planeten stellt alle kleinlichen Nörgeleien um den Fortschritt unseres Bewusstseins in den Schatten. Denn die Utopie ist in vollem Gange, der Menschheitsfriede ist heute, mitten im Chaos, möglicher denn je. Die enorme Verantwortung, die heute den Vertretern einer neuen „Bewusstseinskultur" zukommt, sollte nicht unterschätzt werden. Die Entfaltung des vollen menschlichen

Potenzials und die Ausbildung höherer Bewusstseinskräfte sind die dringende Notwendigkeit in unserer von Dauerkrisen und Auswegslosigkeiten gemarterten Zeit. Wer könnte hier noch behaupten, die Entfaltung unseres Menschseins für ein Leben im Einklang mit dem Naturgesetz sei ein „unpolitisches" oder gar „weltfremdes" Unterfangen? Ich halte den Einsatz für ein voll entwickeltes menschliches Potenzial und das Wissen um die Evolution des Bewusstseins für das größte Politikum, das man sich vorstellen kann. Es kommt nur auf die Perspektive an – und die Erfahrung.

„Ist damit die Frage nach der politischen Veränderung in der Welt abgeschafft zugunsten der Veränderung im Individuum?" Diese Frage stellte ein Journalist dem TM-ausübenden Naturwissenschaftler Dr. Klaus Sattler von der Universität Konstanz.

„Das ist kein Gegensatz, so gern dies als Gegensatz gesehen wird von Menschen, die in alten Dimensionen denken. Die größte politische Revolution wird das Erkennen der Evolution im Bereich der Naturgesetze sein, und die findet in uns statt, so schnell oder so langsam, wie wir es zulassen. Wenn wir sie beschleunigen, so wird auch die Umwelt schneller friedvoll werden. Ist das keine Revolution?"[79]

Ja, und es könnte sein, dass einmal Frieden herrscht, dem lange kein Krieg vorausgegangen ist. Vielleicht auch ein Friede der Menschen untereinander, der nicht von Hass und Feindschaft gestört wurde. Oder aber ziehen wir es immer noch vor, aus Katastrophen zu lernen, Katastrophen der Menschlichkeit, die es uns leicht machen, aus Unwissenheit über uns selbst und unter dem Druck unserer eigenen gewichtigen Ängste die ewig „anderen" zu Schuldigen für das Unheil der Welt zu machen? Vielleicht auch, dass die vorgeschobenen Feindbilder und die nicht endenwollenden Enttäuschungen über „das Leben" unser prekäres Gleichgewicht des Schreckens zu erhalten helfen, weil wir zum Gleichgewicht des Glücks noch immer nicht fähig sind?

Und vielleicht auch, dass wir im täglichen Kleinkrieg verhaftet und darum noch nicht zur Toleranz der inneren Freiheit fähig den großen Völker- und Menschheitsfrieden noch gar nicht verdienen? Dann wäre unser ganzer verzweifelter Traum, Frieden zu halten, nur die Fata Morgana eines Verdurstenden, der unter seinen glühenden Sohlen das rinnende Wasser des Lebens nicht mehr spürt ….

Vielleicht, dass nachbarlicher Unfriede, weltanschauliche Intoleranz, Hass und Ressentiments uns mehr gefährden als wir ahnen und dass die Gespaltenheit in uns selbst die größeren Katastrophen dieser Welt heraufbeschwört?

Es könnte doch sein, dass hier Zusammenhänge liegen, die wir durch das meditative Element in unserem Leben zu erkennen und bewältigen lernen und dadurch, das heißt durch den eigenen inneren Frieden, konkreter und verantwortungsbewusster an einer besseren Welt mitwirken als so mancher Friedensapostel dieser Tage, zu welcher Partei oder Ausrichtung er auch zählen mag.

Aber vielleicht ist es tatsächlich so, dass erst der Fluss das Schwimmen und das Glück erst das Lachen lehrt …

Wieder einmal gilt: „Wenn das Licht kommt, muss die Dunkelheit weichen. Diejenigen, die überkommenen Vorstellungen anhängen und die sich der Möglichkeit, das volle Potenzial des Naturgesetzes zu leben, nicht bewusst sind, werden reagieren, wie man auf ein Erdbeben reagiert. Aber je eher diese Erschütterungen kommen, desto besser." [80] Denn sie signalisieren die neue Einheit unserer zerrissenen Welt und die Heilung aller gespaltenen Geister dieser Erde.

Aus der Tiefe der Zeiten klingt es wie ein alt-erinnerter Gesang der Wahrheit und Hoffnung unseres Menschseins:

> *„Vom Nicht-Sein führe mich zum Sein*
> *Von der Finsternis führe mich zum Licht*
> *Vom Tode führe mich zur Unsterblichkeit."* [81]

Christus

Und alsbald trieb Jesus seine Jünger, dass sie in das Schiff traten und vor ihm hinüberfuhren, bis er das Volk von sich ließe. Und da er das Volk von sich gelassen hatte, stieg er auf einen Berg allein, da er betete. Und am Abend war er allein daselbst. Und das Schiff war schon mitten auf dem Meer und litt Not von den Wellen; denn der Wind war ihnen entgegen. Aber in der vierten Nachtwache kam Jesus zu ihnen und ging auf dem Meer. Und da ihn die Jünger sahen auf dem Meer gehen, erschraken sie. [82]

Er führte sie aber hinaus bis nach Bethanien und hob die Hände auf und segnete sie. Und es geschah, da er sie segnete, schied er von ihnen und fuhr auf gen Himmel. [83]

Josef von Copertino

Gib meinem Denken Lebendigkeit und Spontaneität,
halte fern von mir alle falsche Scheu
und bewahre mich vor der Dunkelheit.

Gebet Josefs von Copertino

Er stieß einen Schrei aus und flog davon.

Er flog vor den Altar, nicht wie ein Vogel vor einen Spiegel, der sich an seinem eigenen Bild den Kopf stößt: Er war in Ekstase vor dem Angesicht Gottes. [84]

An einem Weihnachtsabend, als er die Musik der Hirten vernahm, die auf ihren Schalmeien spielten, um Christi Geburt zu feiern, begann Josef in einem Anfall von ekstatischem Jubel innerlich zu zittern. Alsbald stieg er mit einem Schrei in die Lüfte und flog ungefähr 25 Meter weit, das war die Entfernung, die ihn von dem Altar trennte. [85]

In meiner Funktion als Hirte hütete ich die Herde in der Nähe von La Grotella. Am Vorabend vor Weihnachten kam Bruder Josef zu mir und den anderen Hirten der Ebene und sagte: „Wollt ihr nicht in der kommenden Nacht in der Kirche von La Grotella eure Musik spielen zum Zeichen der Freude über Christi Geburt?'„

Mit dieser Einladung versammelten wir uns, die Hirten und ich, mit unseren Schalmeien und Flöten. Und dann sahen wir Bruder Josef, wie er außer sich vor Freude zu den Klängen der Musik im Kirchenschiff zu tanzen begann. Plötzlich aber seufzte er laut auf und stieß einen lauten Schrei aus; im selben Augenblick hob er sich in die Luft und flog von der Mitte der Kirche wie ein Vogel zum Hauptaltar, wo er das Allerheiligste küsste. Von der Mitte der Kirche bis zum Altar waren es ungefähr 25 Meter.

Aber das Beste war, dass der Altar voller brennender Kerzen war und Bruder Josef sich aus der Luft mitten in diese Kerzen setzte und dabei nicht eine Kerze und nicht einen Kerzenständer umstieß. Er blieb kniend auf dem Altar sitzen und hielt das Allerheiligste ungefähr eine viertel Stunde eng umschlungen, wonach er vom Altar herunterstieg ohne jeden Beistand und dabei nichts im geringsten in Unordnung brachte. Bevor er uns verließ, Augen und Wangen voller Tränen, sagte er zu uns: „Brüder, seid gesegnet um der Liebe Gottes willen!" Wir waren alle äußerst bestürzt. [86]

Ein anderes Mal flog er auf einen Olivenbaum, weil ein Priester, Don Antonio Carello, ihm gesagt hatte: „Welch schönen Himmel Gott doch geschaffen hat, Bruder Josef!" Und eine halbe Stunde lang blieb er dort kniend auf einem der Zweige, den man zittern sah, als hätte sich ein Vogel auf ihn gesetzt. [87]

Am Abend nach dem Essen begab sich Bruder Josef mit den anderen Brüdern in den Garten. Dort fand er ein Lamm und blieb stehen, um es anzuschauen. Da er das Tier hochnehmen wollte, legte ihm ein junger Bruder das Lamm in die Arme. Josef drückte es an seine Brust und legte es dann, indem er es bei den Füßen nahm, quer über seine Schultern. […] Vom Geist Gottes entflammt, verdoppelte er seine Schritte und eilte durch den Garten.

Der heilige Josef von Copertino, Stich aus dem 18. Jahrhundert [87a]

Die Brüder und andere Laienbrüder mit ihnen folgten ihm, neugierig zu erfahren, wohin ihn diesmal seine Ekstase führen würde. Alsbald sahen sie das Lamm und Josef in der Luft. Das Lamm war vom Heiligen in die Luft geworfen worden aufgrund einer übernatürlichen Kraft, und derselbe war, fast im selben Augenblick, dem Lamm nachgesprungen und schwebte jetzt in Höhe der Bäume in der Luft. Mehr als zwei Stunden blieb er so, kniend, in der Luft, das heißt bis eine halbe Stunde nach Sonnenuntergang. [88]

Während ich das Amt des Promotor Fidei bekleidete, kam die Sache des ehrwürdigen Dieners Gottes Josef von Copertino in der Ritenkongregation zu Sprache, die nach meiner Resignation zu einer positiven Würdigung gelangte. Augenzeugen von unanfechtbarer Integrität haben die berühmten Erhebungen über den Boden und die ansehnlichen Flüge des genannten Dieners Gottes bestätigt. [89]

Johann-Friedrich (Herzog von Braunschweig), der damals 25 Jahre alt war, besuchte im Jahre 1649 die größeren Fürstenhöfe Europas. Als er in Rom war, zog es ihn nach Assisi, weil er von dem Ruf des Heiligen gehört hatte. Nach seiner Ankunft im Kloster nahm er am nächsten Tag mit seinen beiden Kammerherren an der Messe teil, die von Josef gelesen wurde. Dabei sah er ihn über dem Altar erhoben, wo er die Messe zelebrierte, in die Luft emporgehoben und kniend eine Entfernung von 5 Schritten zurücklegen, bevor er auf dieselbe Weise wieder zum Altar zurückkehrte.

Am nächsten Tag erhob sich Josef bei der Konsekration um eine Handfläche in die Luft und blieb so mehr als fünf Minuten mit ausgebreiteten Armen, die Hostie haltend, über dem Altar. Als der Herzog dieses sah, fing er an zu weinen. […] Nach einer Unterredung mit Josef bekehrte sich der Herzog nicht nur zum Katholizismus, sondern […] trat als Bruder dem Franziskanerorden bei. Danach kehrte er nach Braunschweig zurück, um verschiedene Angelegenheiten zu regeln, wonach er im nächsten Jahr wieder nach Assisi kam und feierlich im Beisein von Josef und der Kardinäle Facchinetti und Rappaccioli sein Gelübde ablegte. [90]

118

Die Schatzmeister des Klosters von Assisi waren nicht wenig
überrascht, als sie Josef, dem man aufgetragen hatte, die Reliquien
und das Kleid des heiligen Franziskus abzustauben, im Rückwärts-
flug über ihren Köpfen schweben und sich hinter ihnen auf den
Fliesen niederlassen sahen. [91]

Nicht aber bloß stieg er in solchen Umständen selbst in die Lüfte,
er nahm wohl auch andere mit sich. Das begegnete unter anderem
dem Pater Custos von Assisi, als Josef nach feierlich gesungener
Vesper, zu Ehren der unbefleckten Empfängnis, in der Noviziatskapelle dem Verweilenden zuredete, mit ihm öfter die Worte „Maria,
du Schöne" zu wiederholen. Während dieser, Folge leistend, einfiel
in die vorgesprochenen Worte, wurde er von ihm bei den Seiten
gefasst und in die Lüfte erhoben. Dasselbe geschah bei der Einkleidung einiger Jungfrauen im Kloster der heiligen Klara in Copertino. Als man den Vers: „Veni, sponsa Christi" anstimmte, lief er aus
dem Winkel, wo er kniend gebetet, auf den Beichtvater des Ordens
der Observanten zu, nahm ihn bei der Hand, erhob ihn mit übernatürlicher Kraft von der Erde und drehte ihn im Wirbel um. [92]

Josef heftete während des Redens die Augen auf ein kleines Kruzifix, das an der Wand über einem Tisch hing, der, wie es in Kran-
kenstuben gewöhnlich ist, mit vielen Gläsern, Karaffinen, Salben-
töpfen und anderem leicht gebrechlichen Gerät besetzt war. Als die
Rede auf die Empfängnis der Jungfrau gekommen, erhob er sich
plötzlich mit einem Schrei von der Erde, flog gegen das Kruzifix an
der Mauer und schwebte wohl eine Viertelstunde lang in der Luft
vor ihm, nach deren Verlauf er sich auf jenes Tischchen niederließ,
ohne irgendeinen der darauf befindlichen Gegenstände zu verrü-
cken oder zu zerbrechen. [93]

Als er einst in Neapel, in der geheimen Kapelle der Kirche des
heiligen Gregor von Armenien […] betend im Winkel kniete, flog
er plötzlich von da mit einem starken Schrei auf und stand bald
mit kreuzweise ausgestreckten Armen und vorgebogenem Leib unter den Blumen und Kerzen, sodass die Klosterfrauen erschrocken
zu schreien anfingen: „Er verbrennt, er verbrennt!" Aber er kehrte,

nachdem er einen neuen Schrei ausgestoßen, unverletzt im Fluge wieder in die Mitte der Kirche zurück, und dort, auf den Knien aufs Geschwindeste sich herumdrehend, sang er immerfort: „Beatissime Virgine, beatissime Virgine!" So flog er fünfzehn Schritte weit auf ein neues Bild des heiligen Antonius von Padua in Monopoli, das seine Ordensbrüder ihm gezeigt, und kehrte auf demselben Wege zurück. [94]

Einst wurde ihm ein unsinniger Edelmann, auf einen Sessel gebunden, vorgestellt, damit er durch seine Fürbitte geheilt werde. Josef ließ ihn die Bande abnehmen, ihn in seiner Zelle mit Gewalt zum Knien bringen, stand dann auf, legte ihm die Hände aufs Haupt und sagte: „Edler Balthasar, fürchte dich nicht, befiehl dich Gott und seiner heiligen Mutter!"

Als er die Worte ausgesprochen, fasste er ihn bei den Haaren, und indem er sein gewöhnliches lautes „Oh!" hören ließ, erhob er sich von der Erde und zog ihn mit in die Lüfte, hielt ihn dort zum Erstaunen aller Anwesenden eine Zeitlang schwebend und ließ sich dann mit dem Genesenen wieder zur Erde nieder. [95]

Bisweilen wurde bei seinen Auffahrten wohl auch ein Schall vernommen. So hatte er, während seines Aufenthalts in Fossombrone, am Pfingsttag in der Frühe Messe gelesen in seiner Kapelle, und als er die Worte: „Veni creator spiritus" ausgesprochen, war das Feuer so urplötzlich schnell in ihn eingeschlagen, dass er aufs Geschwindeste, sich vom Altare losmachend, mit einem Knall, als ob es donnere, in die Höhe schoss und wie ein Blitz in der Kapelle umfuhr, mit solchem Ungestüm, dass alle Zellen desselben Ganges erschüttert wurden und die erschrockenen Brüder herausliefen, laut schreiend: „Erdbeben! Erdbeben!"

Als sie in die Kapelle Josefs eingetreten, fanden sie erstaunt den Grund dieser gewaltsamen Bewegungen in ihm, der da verzückt und in der Fülle höheren Trostes versenkt war. [96]

Ich habe mit meinen eigenen Augen viele Entzückungen bei P. Josef gesehen. Fast jeden Samstag ging ich in die Grotellakirche, um die Messe zu hören, aus Frömmigkeit und aus Neugier. Fast

immer sah ich ihn in der Messe, entweder beim Memento oder
nach der Wandlung, nachdem er einen Schrei ausgestoßen hatte, in
Ekstase fallen, und oft sah ich ihn einen Fuß hoch über dem Boden
schweben, und sowohl ich wie die anderen, die in der Kirche waren,
sagten: „Seht doch, seht doch, jetzt schwebt er über der Erde." [97]

Teresa von Ávila

Ich habe einen Menschen gefunden so recht nach dem Herzen
Gottes und dem meinen.
Teresa über den levitierenden Johannes vom Kreuz

Ein anderes Mal war ich zwischen ein und zwei Uhr mittags im
Chor und wartete, bis die Glocke zu läuten war. Da trat unsere heilige Mutter ein und kniete etwa für die Hälfte einer Viertelstunde
nieder. Als ich hinsah, war sie etwa einen halben Meter über dem
Boden, den die Füße nicht berührten, emporgehoben. Darüber erschrak ich sehr, und sie selber zitterte am ganzen Leibe. Also trat
ich zu ihr hin und legte meine Hände unter ihre Füße, worauf ich
in Tränen ausbrach und ungefähr eine halbe Stunde dort blieb, so
lange die Ekstase dauerte. Dann sank sie plötzlich zur Erde nieder
und stand wieder auf den Füßen. Sie wandte den Kopf zu mir und
fragte, wer ich sei und ob ich die ganze Zeit hier gewesen sei. Ich
bejahte dies. Da befahl sie mir unter Gehorsamspflicht, nichts von
dem, was ich gesehen hatte, zu erzählen, und ich habe tatsächlich
nichts gesagt bis zum jetzigen Augenblick. [98]

Als sie sogleich nach Empfang der heiligen Kommunion gegen
eine Ekstase ankämpfte und in die Luft gehoben wurde, klammerte
sie sich verzweifelt an die Stangen des Gitters an und rief voller
Seelenqual aus: „Mein Gott, lass es nicht zu, dass eine so niedrige
Kreatur wie ich für eine heilige Frau gehalten werde, bloß weil ich
über Deine große Gunst verzückt bin."

Als sie ein anderes Mal [...] im Chor plötzlich von der Ekstase
ergriffen wurde, hielt sie sich an den Bodenmatten fest und wurde
samt diesen in ihren Händen in die Luft emporgehoben. [99]

Oft wolle ich diesem Zug, der uns ohne unseren Willen und manchmal peinlich ergreift, Widerstand tun und strengte alle meine Kräfte an, besonders wenn es in Gegenwart anderer geschah, und auch sehr oft, wenn ich allein war; denn ich fürchtete, es möchte eine Täuschung sein.

Zuweilen konnte ich ein wenig widerstehen, mit großer Anstrengung meiner Kräfte – gleich einem Mann, der mit einem mächtigen Riesen in ungleichem Kampf begriffen ist, fand mich aber nachher müde, erschöpft und schmerzlich ergriffen.

Zu anderen Zeiten war es mir durchaus unmöglich, mich diesen heftigen Bewegungen zu widersetzen; ich fühlte mir die Seele und später den Kopf erhoben, ohne dass ich es verhindern konnte – ja, zuweilen auch den ganzen Leib, sodass er die Erde nicht mehr berührte. [100]

Im Anfang, ich muss es bekennen, befiel mich eine große Furcht, denn wunderbar ist es zu sehen, wie der ganze Körper ganz über die Erde erhoben wird. Wohl ist es der Geist, der ihn nach sich zieht, und dies mit einem süßen Wonnegefühl; jedoch verliert er darum die Empfindlichkeit nicht. Dies war wenigstens der Fall bei mir: Ich war mir wohl bewusst, dass ich über der Erde schwebte. [...]

Wenn mich die Verzückungen ergriffen, schien es mir oft, als hätte mein Körper keine Schwerkraft mehr; zuweilen fühlte ich ihn so leicht, dass meine Füße mir die Erde nicht mehr zu berühren schienen. [101]

Dieses seltsame Ereignis (die Erhebung über den Boden), das mir jedoch nur selten begegnete, erfuhr ich einmal, als ich mit allen Klosterfrauen im Chor auf den Knien lag und eben die heilige Kommunion empfangen wollte. Es schmerzte mich, weil es mir übernatürlich schien und leicht bemerkt werden konnte, und als Priorin (welches Amt ich damals versah) verbot ich meinen Mitschwestern, es weiterzusagen. Ein andermal, am Fest unseres Patrons, wo vornehme Frauen zugegen waren, befiel mich während der Predigt ein Vorgefühl von demselben Ereignis. Ich legte mich der Länge nach auf den Boden; meine Schwestern kamen herbei, um mich zu halten, konnten aber nicht verhindern, dass man es bemerkte. Ich flehte nachher zu Gott, dass er mir doch nimmer solche Gnaden erteilen möge, die äußerlich wahrgenommen würden, die nicht verborgen bleiben konnten und mir darum großes Leid verursachen. Es scheint, der Herr habe mich gnädig erhören wollen, denn von jener Zeit an bis jetzt habe ich nichts Ähnliches mehr erfahren (was jedoch noch nicht lange her ist). [102]

Teresa of Ávila, Gemälde von François Gérard [102a]

Johannes vom Kreuz

Was mich am meisten erstaunte, war, dass, wenn er in der hl. Messe kommunizierte und die sakramentalen Gestalten in der Hand hielt und beim Kommunizieren selbst, ungefähr vier oder mehr Fingerbreiten hoch über dem Fußboden schwebte, wobei er sich Mühe zu geben schien, von anderen nicht gesehen zu werden. Ich sah es aber sehr genau und gab gut acht zu sehen, was er tat, denn ich kniete in meiner Zelle vor dem Fensterchen, das auf die Kapelle geht, und war ungefähr acht Spannen (circa 1.80 m) von ihm entfernt. [...]

Dieses Schweben seines Körpers geschah jeden Morgen. Ich empfand dabei größte innere Freude. Darum achtete ich sehr darauf, ihn bei der heiligen Kommunion über dem Boden mit den Füßen erhoben zu sehen. [103]

Aber diesen Prozessionsweg legte er frei und ohne Stütze zurück, und zwar legte er ihn zurück, indem er stets mit seinen Füßen in der Luft ging, ungefähr drei Spannen über dem Boden. Dies war nicht anders möglich als durch ein fortgesetztes Wunder. [...]

Ich sah den Saum seines Habits und die Füße, die sich bewegten und in der Luft dieselben Bewegungen machten, die sie sonst machten, wenn er auf dem Boden ging. Seine Arme waren ausgebreitet, und sie machten fast dieselben Bewegungen mit wie die Füße. Sein Gesicht war nicht mehr irdisch, die Augen waren zum Himmel gerichtet, und er strahlte von einer solchen Freude und Entzückung, dass er jeden, der ihn anschaute, ins Paradies versetzte. [...]

Und während ich dastand und sie schalt, sie sollten nicht so um den Diener Gottes sich knien und die Prozession auseinanderreißen, riefen sie mit lauter Stimme: „Ein Heiliger im Himmel und ein anderer auf Erden, ein Heiliger im Himmel und ein anderer auf Erden!" Dies bezeuge ich als Augenzeuge. [104]

Peter von Alcantara

Peter von Alcantara kam einst auf seinen Wanderungen ans Ufer der angeschwollenen Guadiana und fand kein Schiff, das ihn überfahre. Er wendete sofort die Augen gen Himmel, bezeichnete sich voll lebendigen Glaubens mit dem Zeichen des Kreuzes und sprach dann zum Genossen: „Mein Sohn, habe festes Vertrauen auf Gott, hebe dein Gewand ein wenig auf und folge mir." Sie setzten nun in die Fluten und gingen hinüber. Das Wasser reichte ihnen nur bis an die Knöchel. [...]

Wenn nun Reisende des Weges kamen, blieben sie voll Erstaunen stehen, wenn sie den armen Bruder mehrere Fuß über der Erde schweben erblickten, und warteten, bis er wieder zu sich gekommen, um seinen Segen zu erlangen. Nach der Konsekration wurde er, was er auch tun mochte, um die Heftigkeit der inneren Bewegung zu mäßigen, doch oft von ihr hingerissen, der Sinne beraubt und erhob sich dann schwebend am Altar meist in der Höhe einiger Ellen über dem Boden. [105]

Wenn, wie es mitunter geschah, Tau und Regen auf seinem nackten Haupt beim nächtlichen Gebet gefroren, ohne dass er es gewahr wurde, dann sahen ihn die Brüder in diesem Zustand oft zwölf Ellen hoch schweben, in Gott verschlungen. Er pflegte häufig den Kreuzweg von Pedrosa zu besuchen und wurde vielmals dort verzückt.

Die Hirten sahen ihn dann von Ferne vor dem Kreuze schweben, sowie die, welche zufällig vorbeireisten, und alles lief, um das wundersame Schauspiel näher zu sehen. Bisweilen vernahm er dann wohl das Geräusch der Menschen und der Pferde. Sogleich flüchtete er, wie fliegend durch die Luft, in der Höhe eines Stockes über der Erde erhoben, und verbarg sich im Kloster. [106]

Alle Biographen berichten, dass man ihn im Chor öfter 15 und mehr Fuß über dem Boden schweben gesehen habe – bis der Kopf die Decke berührte. Andere Male schwang er sich wie ein Vogel auf den Gipfel der Bäume hinauf oder wurde wie ein Pfeil von einem Bogen abgeschnellt und durch enge Türeingänge geschossen. Oder er flog mit ausgebreiteten Armen zu einem auf einer Anhöhe stehenden Kreuz empor, um es zu umarmen. [107]

Franz von Assisi

Von dieser Stunde an begann Bruder Leo das Leben des heiligen Franz mit großer Lauterkeit und Liebe zu erforschen und zu betrachten. Und wegen seiner Lauterkeit wurde er gewürdigt zu sehen, wie zu mehreren Malen und häufig der heilige Franz in der Betrachtung Gottes entzückt und über den Boden erhoben wurde, manchmal drei Ellen hoch, manchmal vier Ellen und manchmal sogar bis zur Höhe einer Buche; und manchmal sah er ihn so hoch in die Luft hinaufgehoben und mit einem solchen Glanz umgeben, dass er beinahe seinen Blicken entschwand. [108]

Maria de Agreda

Maria Agreda, die berühmte Verfasserin der Mystica Ciudad da Dios (Geistliche Stadt Gottes) soll ihren mystischen Elevationen mit so großem Kraftaufwand Widerstand entgegengesetzt haben, dass sie Blut spie. Als sie merkte, dass die Mitschwestern sie im Zustand der Trance anderen gezeigt und ihr den Schleier aufgehoben hatten, damit neugierige Fremde den Ausdruck ihres Gesichtes und seinen Glanz sehen konnten, erklärte sie, sie möchte lieber am Pranger stehen als derartigem ausgesetzt zu werden.

Bischof Samaniego, der sie genau kannte, gibt über ihre Ekstasen folgende Schilderung: „Die Entrückungen der Dienerin Gottes waren folgender Art: Der Körper war des Gebrauchs der Sinne völlig beraubt, wie wenn er tot wäre, und fühlte nichts, auch wenn ihm Gewalt angetan wurde. Er war ein wenig über dem Boden erhoben und so leicht, als hätte er kein Eigengewicht, sodass er durch einen Atemstoß selbst aus einiger Entfernung wie eine Feder bewegt werden konnte. Das Gesicht war schöner als im normalen Zustand, es zeigte eine gewisse Blässe anstelle der gewöhnlichen dunklen Farbe.“ [109]

Deshalb möchte ich abschließend noch kurz eingehen auf den „bemerkenswertesten Fall von Teleportation oder Bilokation, der jemals von einer christlichen Mystikerin bekannt geworden ist.“ Es handelt sich um die berühmte Maria de Agreda, mit ihrem

126

bürgerlichen Namen Maria Fernandez Coronel, (mit ihrem Ordensnamen Maria de Jesus), 2.4.1602 bis 24.5.1665, aus Agreda in Spanien. [...]

Mit 25 Jahren – 1627 – wurde sie aufgrund einer päpstlichen Dispens dort Äbtissin, hatte mit 18 Jahren ihre erste Ekstase, verließ angeblich ihr Kloster in Spanien offiziell nie, soll jedoch nach schriftlichen Berichten zwischen 1620 und 1631 etwa 500 Reisen nach Amerika unternommen haben, zwecks Bekehrung der Jumano-Indianer New Mexicos zum Christentum. Maria hat zunächst von ihren Astralwanderungen nach Übersee nichts verlauten lassen, da sie selbst von Zweifel gequält wurde, sie könnte ihren eigenen Halluzinationen zum Opfer gefallen sein. Auch habe sie sich gegen ihre spontanen ekstatischen Levitationen so stark gewehrt, dass sie Blut spie.

John Michell und Robert J. M. Rickard berichten in ihrem Buch „Die Welt steckt voller Wunder": „Tatsächlich bemühten sich die Kirchenoberen nach schlechten Erfahrungen mit den illusorischen Behauptungen religiöser Hysteriker, Schwester Maria davon abzubringen, auf der Realität ihrer transatlantischen Flüge zu bestehen, bis die Aussagen von Indianermissionaren sie dazu zwangen, diese Realität anzuerkennen. Im Jahre 1622 schrieb Pater Alonzo de Benavides von der Missionsstation Isolita in New Mexico an Papst Urban VIII. und Philipp IV. von Spanien und verlangte Auskunft darüber, wer ihm bei der Bekehrung der Jumano-Indianer zuvorgekommen sei. Die Indianer erklärten, ihre Kenntnis vom Christentum verdankten sie einer „Frau in Blau", einer europäischen Nonne, die ihnen Kreuze, Rosenkränze und einen Messkelch geschenkt habe. Wie sich später herausstellte, stammte dieser Kelch aus Marias Kloster in Agreda."[110]

Dominikus

Oft wurde er in der Verzückung über dem Boden schwebend gesehen; er streckte dabei die Hände aus und zog sie wieder zurück, wie wenn er etwas von Gott in Empfang nehmen wollte, und man hörte

ihn rufen: ,Höre, mein Gott, die Stimme meines Gebetes, wenn ich
zu Dir rufe und meine Hände zu Deinem heiligen Tempel ausstre-
cke!'" [111]

Man liest, dass Dominikus im Jahre 1593, in den Tagen nach
dem Himmelfahrtsfest, Levitationen hatte, in deren Verlauf er sich
in eine Höhe erhob, in der seine Mitbrüder ihn gerade eben noch
an den Fußsohlen berühren konnten. Man sah ihn auch, um den
Verzückungen in der Öffentlichkeit aus dem Wege zu gehen, wie
er sich auf den Boden warf. Eines Tages, so erzählt man, als er in
Valencia war, [...] fasste ihn, als er sich in die Luft erhob, ein Zuschauer bei den Füßen. Er wurde mit in die Luft emporgehoben,
bekam es mit der Angst zu tun, ließ den Heiligen los und fiel hart
auf den Boden. [...] [112]

Doch als er nach der Wandlung zur Elevation des Leibes unseres Heilands kam und diesen, wie es Brauch ist, mit den Händen
hoch emporhielt, wurde er selbst um Handbreite über den Boden
emporgehoben, was alle sehen konnten und alle mit großer Verwunderung erfüllte. [113]

Maria Villanis

Als ich einmal in meiner Zelle war, machte ich eine neue Erfahrung.
Ich fühlte mich ergriffen und mit solcher Kraft völlig entrückt, dass
ich von den Fußsohlen an aufwärts mit dem ganzen Leib in die
Höhe gehoben wurde, genau wie ein Stück Eisen von einem Mag-
net angezogen wird, jedoch mit einer wunderbaren, entzückenden
Sanftheit. Zuerst fürchtete ich mich sehr, aber nachher fühlte mein
Geist die denkbar größte Befriedigung und Freude.

Obwohl ich außer mir war, wusste ich gleichwohl, dass ich etwas
über den Boden emporgehoben war, und während einer beträchtli-
chen Zeitspanne schwebte mein ganzer Körper. Bis zum Vorabend
der letzten Weihnachten (1618) geschah mir dies bei fünf verschiedenen Gelegenheiten. [114]

Anton Margil

In der großen, dem heiligen Franz gewidmeten Priorei des gleichen Ortes ging in der Frühe eines Morgens Bruder Hieronymus Garzia die Klosterinsassen für die Matutin wecken. Da spürte er einen heftigen Luftzug durch das Chor wehen, der offenbar vom Turm herkam. Als er der Ursache nachging, entdeckte er den Diener Gottes, die Arme in Kreuzesform ausgestreckt, hoch oben in der Luft: mit unglaublicher Schnelligkeit wirbelte er im Rund herum.

In Guatemala sah P. Joseph Paniagua einen himmlischen Glorienschein um ihn. Während Johannes von Jesus Sunaine Biniesa ihn eines Nachts in der Kirche so hoch über dem Boden schwebend vorfand, dass der Saum des Rockes den Kopf des Eindringlings streifte.

Der gleiche Zeuge bemerkte ein anderes Mal, als er ihm bei der Messe diente, wie nach der Wandlung der ganze Altar erzitterte; als er die Augen zum Zelebranten aufschlug, sah er ihn anderthalb Fuß über den Boden erhoben. Er wurde durch diesen wunderbaren Anblick so betäubt, dass der heilige Priester nach der Ekstase mit der Hand auf den Altar schlagen musste, um seinen Messdiener an die Pflicht zu erinnern. [115]

Bernardino Realino

In der Untersuchung zu Neapel gab Tobias da Ponte, ein Mann von Stand und hoher Würde, 1621 die eidliche Erklärung über eine Elevation im Jahre 1608 ab; da Ponte war nach Lecce gekommen, um den geistlichen Rat des ehrwürdigen, heiligmäßigen Priesters zu erbitten. Es war, wie der Zeuge sagte, im April, an einem Samstag nach Ostern.

Die Haustüre blieb für Besucher anscheinend geschlossen, und so setzte er sich in einer Laube direkt vor dem Zimmer hin. Als er dort mit dem Blick auf die Türe saß, bemerkte er plötzlich, dass sie nicht ganz geschlossen war und durch den Spalt ein Lichtglanz strömte. Diese Erscheinung gab ihm zu denken. Schließlich fragte er sich, ob vielleicht ein Feuer im Raum brenne. Er trat näher, stieß die Türe etwas auf und spähte hinein. Da sah er P. Bernardino mit geschlossenen Augen und himmelwärts gerichtetem Gesicht vor dem Betstuhl knien. Sein ganzer Körper war gut zweieinhalb Fuß über dem Boden emporgehoben, während er, in Ekstase entrückt, ständig die Worte wiederholte: „Jesus und Maria, bleibet bei mir!"

Der Zeuge beschreibt dann das mit Furcht vermischte Gefühl von Ehrfurcht, das ihn bewegte. Als er eine Weile das Schauspiel angestarrt hatte, schlich er schuldbewusst wie ein Dieb nach Hause, obwohl er immer noch den Lichtglanz durch die halb geöffnete Tür strömen sah.

Der Text des Summariums fährt dann fort: „Als man ihn (Tobias da Ponte) bat, sich wohl in acht zu nehmen und sich zu überlegen, ob alles nicht bloß eine Halluzination oder ein Phantasiegebilde seines Gehirns und ob der Lichtschein nicht bloß ein Reflex der Sonnenstrahlen, eine Sinnestäuschung oder eine andere natürliche Erscheinung gewesen sei, antwortete er: „Die Sache war so deutlich, unverwechselbar und wirklich, dass ich sie nicht nur jetzt noch vor mir sehen kann, sondern dessen so sicher bin wie darüber, dass ich jetzt rede und diese Gegenstände hier um mich herum sehe. [...]

Ich bemerkte nicht bloß ein einziges Mal, sondern zwei, drei und vier Mal, wie das Licht durch den Türspalt drang, bevor mir der Schatten eines derartigen Gedankens kam. Und daher überlegte ich bei mir selber, wie denn im Zimmer ein Feuer sein könnte; die Strahlen, die herausdrangen, konnten ja nur von einem großen Feuer herrühren, etwa wie wenn ein Schmied an der Esse ein rotglühendes Eisen auf dem Amboss behämmert.

Und so stand ich vorsätzlich auf. Und als ich die Türe aufstieß, sah ich Pater Bernardino mit meinen eigenen Augen so deutlich über den Boden emporgehoben, wie ich Ihre erlauchte Exzellenz jetzt vor mir sehe. [...]

Nochmals ermahnt und aufgefordert, sich nicht durch einen irregeführten frommen Eifer zur Übertreibung oder zu einer anderen als der durchaus wahrheitsgetreuen Darstellung des Vorfalls hinreißen zu lassen, da die Heiligen ein derartiges verkehrtes Eintreten für sie nicht nötig hätten, sondern es ihnen missfiele, und nochmals gefragt, ob etwas an seiner Aussage geändert werden soll, antwortete er: „Was ich hier bezeugt habe, ist die ganze lautere und ungeschminkte Wahrheit, ohne Zutat oder Übertreibung, und sie ist gewiss eine Kleinigkeit im Vergleich zur Heiligkeit, Tugend und zu den Wundern von P. Bernardino." [116]

Thomas von Cori

Als der selige Thomas von Cori, OSM, einmal in der Kirche von Civitella die heilige Kommunion austeilte, geriet er in Verzückung und wurde mit solcher Schnelligkeit bis zur Decke gehoben, dass die Gläubigen meinten, er habe den Kopf am Sparrenwerk einge-schlagen; aber nach einigen Augenblicken sank er wieder sanft zur Erde nieder, das Ziborium fest in der einen Hand haltend und eine Hostie zwischen Daumen und Zeigefinger der anderen Hand. [117]

Pater de Herrera

Der mexikanische Jesuit Pater de Herrera reproduzierte eine Levita-tion unter scharfer Kontrolle. Der Reporter einer Zeitung berichtet darüber: Der Körper des Pater, welcher kaum in dem verdunkelten Kabinett zu sehen war, erhob sich langsam, nahm eine horizontale Haltung ein, verblieb dort kurze Zeit und senkte sich dann wieder in seine natürliche Lage.

Die Hilfe zweier Ärzte war erforderlich, um den Pater wieder zu sich zu bringen. Nach der Vorführung lud der Jesuit die Anwesen-den ein, auf die Bühne zu kommen und diese auf etwaige Betrüge-reien genau zu überprüfen. Mehrere nahmen das Angebot an und berichteten, nichts gefunden zu haben. Der naturwissenschaftlich gebildete Jesuit hält die Levitation für eine Tatsache, die wahr-scheinlich einmal durch Magnetismus erklärt werden kann. [118]

Miriam Baouardy
(Schwester Maria von Jesus dem Gekreuzigten)

Bei der kleinen Araberin wurde das Phänomen erstmals am 22. Juni 1873 im Garten des Karmels von Pau festgestellt. Da sie nicht zum Abendessen erschienen war, sieht die Novizenmeisterin vergeblich im Kreuzgang und im Obstgarten nach ihr, als eine andere Karmelitin plötzlich einen Gesang vernahm: „O Liebe, Liebe!"

Sie erhebt den Kopf und erblickt die „Kleine", die sich ohne Stütze im Gipfel einer riesigen Linde wiegt. Man benachrichtigt die Priorin. Diese kommt herbei und weiß nicht, was tun. Nach einem Gebet richtet sie sich an die Ekstatikerin: „Schwester Maria von Jesus dem Gekreuzigten, wenn Jesus es will, kommen Sie im Gehorsam herunter, ohne zu fallen oder Schaden zu nehmen!" Sobald sie das Wort „Gehorsam" vernimmt, steigt Miriam „mit strahlendem Antlitz und großem Anstand herunter und hält nur einen Moment bei einigen Ästen inne, um die Liebe zu besingen. [...]

„Wie sind Sie denn dazugekommen, so in die Höhe zu schweben?" fragt die Mutter Priorin, und Miriam antwortet: „Das Lamm hat mir die Hände gereicht."

Einige Karmelitinnen wollten wissen, woran sie waren, und beobachteten die „Kleine" heimlich. Eines Tages sieht eine Laienschwester, die im Garten arbeitet, den Höhenflug mit an: „Miriam hatte die Spitze eines Zweigleins ergriffen, das sich unter dem Gewicht eines Vogels gebeugt hätte, und war in demselben Augenblick in die Höhe gerissen worden."

Am 5. Juli ruft sie der Priorin vom Gipfel der Linde zu: „Ich war auf dieser da, und jetzt bin ich hier herübergekommen. Sieh, sieh, meine Sandalen sind dort liegen geblieben!"

Die inzwischen verstorbene Schwester E. erzählte mir, dass Miriam eines Tages, als sie sich mit ihr im Garten befand, zu ihr gesagt hatte: „Dreh dich um!" Kaum hatte sie den Kopf umgewandt und wieder hingeschaut, sah sie ihre Gefährtin schon zuoberst auf dem Baum auf einem kleinen Zweig sitzen, sich wiegen und die göttliche Liebe besingen.

*St. Miriam Baouardy, Sor María de
Jesús Crucificado* [118a]

Eine andere Person erklärt: „Ich
habe sie einmal auf dem Gipfel einer
Linde in Verzückung gesehen. Sie saß
auf dem Ende des höchsten Astes, der
sie normalerweise nicht hätte tragen
können. Ihr Antlitz strahlte. Wie einen Vogel sah ich sie vom Baum he-
runterkommen: Mit Leichtigkeit und
Anstand glitt sie von einem Zweig
zum anderen."

Eines Tages sagte die kleine Araberin: „Wenn ich gehorchen
rasch, dann der Baum so geworden", und sie hob dabei die Hand
nur ganz wenig über den Boden. Das eine oder andere Mal blieben
ihre Sandalen an den Zweigen hängen, und einmal gar ihr Rosen-
kranz. Wie nach den anderen Ekstasen, erinnerte sich die Karmelitin später an nichts mehr.

Das Phänomen des Schwebens erschien so plötzlich, mühelos
und häufig, und Miriam verhielt sich dabei so sittsam, dass man
niemals hätte behaupten können, es werde durch Suggestion oder
Hysterie ausgelöst. Wie hätte übrigens eine hysterische Veranla-
gung genügt, um eine so korpulente Frau bis zum Gipfel einer fast
zehn Meter hohen Linde zu erheben und auf dem höchsten Zweig
aufrechtzuerhalten? [119]

Padre Pio

Eine der wunderbarsten Gaben schrieb sich Padre Pio selber zu,
nämlich die Fähigkeit, schwerelos im Raum zu schweben. Der Pater befand sich, so wird berichtet, auf einem erhöhten Platz in der
Sakristei; die Leute drängten sich bis vor seinen Beichtstuhl. Da geschah es auf einmal, dass er plötzlich nicht mehr anwesend war. Er
selbst sagte nachher, „dass es ihm derart heiß geworden war, und er

schließlich keine Luft mehr bekommen habe, und dass er sich über den Kopf der Leute hinweg davonmachte."

Keiner der Anwesenden hatte gemerkt, wann und wie der Pater verschwunden war; niemand hätte auch von dem Wunder etwas erfahren, hätte es nicht P. Pio selber ausgeplaudert. [120]

Don Bosco

Die Levitation im Zustand der Entrückung während der Heiligen Messe trat mehrere Male im Leben Don Boscos ein. Einer der Zeugen bei diesem Vorgang, Don Evasio Garrone, sagte folgendes unter Eid aus: „Im Januar 1879 zelebrierte Don Bosco die Messe an einem Altar in seinem Vorzimmer. Außer mir war noch einer meiner Freunde anwesend.

Als der Augenblick herannahte, da Don Bosco die Hostie erheben sollte, sahen wir sein Gesicht in der Entrückung leuchten und eine unaussprechliche Freude ausstrahlen. Gleichzeitig erschien uns der ganze Raum wie in Licht gebadet.

Da lösten sich langsam seine Füße vom Boden und Don Bosco blieb länger als zehn Minuten in der Luft schweben. Wie es bei der Wandlung üblich ist, wollten wir als Ministranten den Saum der Kasel halten, er war jedoch so hoch über dem Boden, dass wir ihn kniend nicht erreichen konnten. […]

Ich war drei verschiedene Male Zeuge von Don Boscos Levitationen während der Messe." [121]

Erfahrungen und Gedanken zur Levitation

Aus dem Sufismus

Sie sagten zu ihm (Abu Sa'id ibn Abi 'l-Khayr), „Der und der geht auf dem Wasser".

Er antwortete, „Das ist leicht genug; Frösche und Wasservögel tun das auch."

Sie sagten, „Der und der fliegt in der Luft."

„Das tun Vögel und Insekten auch", antwortete er. [122]

Lamaismus

Mi la (der berühmte tibetische Heilige, Mystiker und Dichter Milarepa) fuhr mit seiner Betrachtung fort. Nun erkannte er, dass Samsara (Wiedergeburt) und Nirwana (Beendigung der Wiedergeburt) nur zwei verschiedene Geisteshaltungen seien; erstere sei die weltliche, letztere die überweltliche Einstellung. Dann gewahrte er, dass er die Kraft erhalte, sich in irgendeine beliebige Form zu verwandeln, sich in die Luft zu erheben und mit Blitzesschnelle das ganze Weltall zu durcheilen. Diese Übungen ereigneten sich zuerst noch in seinen Träumen. Da er aber mit seinem Training fortfuhr, gelang es ihm auch, im Wachzustand sich in die Luft zu erheben (Elevation) und zu fliegen. […]

Einst flog er über das kleine Dorf, in dem Verwandte von ihm lebten. Ein Mann und sein Sohn waren gerade auf dem Felde mit dem Pflügen beschäftigt. „Der Sohn sah, wie ich dahergeflogen kam und sagte: „Sieh, dort fliegt ein Mann durch die Luft." Er verließ seine Arbeit und schaute mir zu. Da sagte der Vater; „Was ist denn Wunderbares daran oder warum soll man über diesen Anblick belustigt sein? Ein sehr schlechtes Weib, die Nyangtsa Kargyen hat einen ganz üblen Sohn mit Namen Mi la. Das ist dieser Tunichtgut und Hungerleider. Geh zur Seite, damit sein Schatten nicht auf dich fällt, und fahre fort, die Pflugochsen zu führen." [123]

Am Tage wandelte ich meinen Körper in jede Gestalt, in die ich ihn verwandeln wollte. Mein Geist erwirkte – den Himmel durcheilend – unzählige Verwandlungen, und Geist und Körper lösten sich und fügten sich zur „unlöslich innigen Einigung". Bei Nacht, in meinem Schauungen, konnte ich, gelöst und ohne Widerstand, das Welten-All von den Abgründen der Höllen bis zu den Gipfeln der Himmel durchforschen. Ich verwandelte mich in hunderte, verschieden geartete, körperliche und geistige Gebilde; ich besuchte in jeder Gestalt den ihr zugehörenden Himmel ihrer Buddhas und hörte ihre Lehren. Und ich konnte unzähligen Geschöpfen die Lehre künden. Ich entbrannte gleichwie in den Flammen des Feuers, und ich glühte aus gleichwie in den Fluten des Wassers.

Nachdem ich, von Jubel und Mut getragen, unzählige Verwandlungen gewirkt hatte, wirkte ich die Schauungen in glühendem Eifer. Und also war ich fähig geworden, im irdischen Raume die Lüfte zu durchschweben. [124]

Er saß auf der Matte wie alle anderen, in üblicher Buddhahaltung. Plötzlich schnellte er aus dieser Sitzweise empor und sprang wohl gut zweieinhalb bis drei Meter hoch, jedenfalls weit über meine Kopfhöhe – ich messe immerhin 1,91 m – und kam relativ langsam, jedenfalls sehr viel langsamer, als gewöhnlich ein Mensch nach einem Sprung landet, herunter, und zwar unmittelbar wieder in seinen Buddhasitz.

Ich war mehr als überrascht, denn es war einwandfrei klar, dass dieses kein gewöhnlicher Sprung, sondern eine, wenn auch schnelle Levitation war. Noch bevor ich etwas sagen konnte, wurde dieser Eindruck durch die milde lächelnd vorgebrachte Bemerkung des Hauptlamas bestätigt: „So läuft und springt der Lama Lung-gompa vom Kloster in Tibet hierher und zurück!" [...] Da ich in meinem Leben auch einige Levitationen gesehen habe, so besteht für mich kein Zweifel, dass der Sprung zumindest sehr viel mit Levitation zu tun hatte. [125]

Zum mythologischen Aspekt des Fliegens

Wir lernten aber auch das Fliegen am Himmel ohne jedes Fahrzeug kennen, welches die tibetischen Yogis durch ihre besondere Yogatechnik erlangen. Ein schönes Beispiel dieser Art bietet Milarepa. All diese verschiedenen Mittel und Weisen zum Himmel zu reisen sind Ableitungen des einen Urtypus, den wir aus der Urzeit der Tibeter und anderer Völker bereits kennen; der Verkehr zwischen Himmel und Erde in den Sagen der Menschheit, die enge Verbindung zwischen Gottheit und Menschheit.

Meine Feststellungen decken sich weitgehend mit jenen von Eliade, der schreibt: „Die Symbolik des Fluges und Vogels ist fast über die ganze Erde verbreitet. Einschließlich einer großen Anzahl von Mythen und Symbolen (z. B. der Himmelsberg, die „Pfeilketten", das Herabsteigen der „Ahnen" vom Himmel an einem Spinnfaden, einer Liane usw., die Himmel und Erde miteinander verbinden) gehört dieser Symbolismus seinerseits einer altertümlichen und universell verbreiteten magisch-religiösen Einheit an, die man Ideologie und Technik von Aufstieg (oder der Erhebung) der menschlichen Seele zum Himmel (oder zu Gott) nennen könnte.

Die unzähligen Symbole, Mythen und Riten, die dieses Ganze bilden, zeigen mehr oder weniger ausgesprochen den Glauben an die Möglichkeit einer konkreten Verbindung zwischen Himmel und Erde.

Die Mythen sprechen von einer längst vergangenen Zeit, als der Mensch (oder der mystische Ahne) nach Belieben zwischen Himmel und Erde hin- und hergehen konnte und infolgedessen direkte Beziehungen zwischen menschlichen und göttlichen Wesen auf der ganzen Welt bestanden.

Infolge eines rituellen Vergehens oder eines anderen mythischen Geschehens wurde die Verbindung zwischen Himmel und Erde für die Mehrzahl der Menschen unterbrochen und blieb nur einzelnen Persönlichkeiten vorbehalten: Königen, Magiern, Helden, Schamanen (Yogi) usw."[126]

Antike

Der Philosoph Jamblicus nennt die Levitierenden die „Inspirierten"
und meint damit alle jene, die in der Luft schweben oder die mühelos über das Wasser laufen können. [127]

Apollonius von Thyane hat darüber berichtet, dass er Brahma-
nen in der Luft schweben sah. [128]

Abaris, Priester Apolls und Meister des großen Pythagoras er-
hielt den Beinamen des „Akrobaten", das heißt desjenigen, der auf
der Luft geht.

Indien

Louis Jocolliot, der französischer Konsul in Benares war, hat einge-
hend die Leistungen der Fakire studiert und beschreibt eine Reihe
von Phänomenen des Fakirs Cavindasany, der ebenfalls die Fähigkeit der Levitation besaß. Der Konsul sah mit eigenen Augen, wie
der Fakir sich sitzend zwanzig Minuten lang zwei Fuß hoch vom
Erdboden erhob. [129]

Nachdem sich Jast der Gruppe wieder zugesellt hatte, gingen die
zwölfe vollständig angezogen zum Ufer des Flusses und betraten
mit vollster Gelassenheit das Wasser ohne unterzusinken. Ich werde nie vergessen, was ich empfand, als ich die zwölf Männer einen
nach dem anderen den festen Boden verlassen und auf das reißen-
de Wasser treten sah. Ich hielt meinen Atem an, in der sicheren
Erwartung, sie untersinken und verschwinden zu sehen.

Nachträglich habe ich herausgefunden, dass jeder unserer Gesellschaft genau so dachte wie ich. Ich vermute, jeder hielt seinen
Atem an, bis alle über die Mitte hinaus waren, so erstaunt waren
wir über den Anblick der zwölf Männer, die so ruhig und ohne die
geringste Schwierigkeit auf dem Wasser wandelten und dabei nicht
tiefer als bis zu den Sohlen ihrer Sandalen untersanken. Als sie vom
Wasser an das andere Ufer traten, war mir zumute, als wenn Ton-
nen von Gewicht von meinen Schultern genommen würden. [...]
Sicherlich war es ein Erlebnis, das zu beschreiben ich die Worte
nicht zur Verfügung habe. [...]

Um vier Uhr am folgenden Abend versammelten wir uns alle unterhalb des Tempels. Der Yogi Santi saß im Samadhi. Drei aus der Versammlung gingen zu einem großen, flachen Stein hinüber und setzten sich hin, wie zum Gebet. Nach ganz wenigen Augenblicken begann der Stein sich zu erheben, und sie wurden alle auf ihm zum Tempel empor getragen. [130]

Reiseberichte

Marco Polo berichtet: Wenn der Großkhan in seiner Staatshalle beim Mahle sitzt, so ist die Tafel, welche in der Mitte steht, acht Ellen erhöht, und in einiger Entfernung davon steht ein großes Büfett, wo alle Trinkgefäße aufgestellt sind. Nun bewirken sie (die tibetischen Zauberer) durch ihre übernatürliche Kunst, dass die Flaschen mit Wein und Milch oder anderen Getränken die Becher von selbst füllen, ohne dass ein Bedienter sie berührt, und die Becher fliegen in einer Entfernung von zehn Schritten durch die Luft bis zur Hand des Großkhans. Sobald er sie geleert hat, kehren sie zu dem Platz zurück, von dem sie gekommen sind, und das geschieht in Gegenwart der Personen, die eingeladen sind, Zeugen solcher Kunst zu sein. [131]

Der letzte Mandschu-Kaiser Chinas gab ein Festessen. Dazu hatte er auch den katholischen Bischof von Peking eingeladen. Unter der Tischgesellschaft befand sich auch ein tibetischer Zauberer, der nach Tisch auf Verlangen des Kaisers einige Kunststücke vorführte. Eine mit Tee gefüllte Tasse schwebte vom Tisch auf den Kaiser zu. Doch bevor sie den Mund erreichte, fiel sie zu Boden und zerbrach. Der Zauberer warf dem Bischof einen giftigen Blick zu, da er wohl spürte, dass von ihm eine Gegenwirkung ausgegangen war. [132]

Taoismus

Der Name des großen Einen ist dem gegeben worden, über dem nichts ist. Die Magie des Lebens besteht darin, durch Handeln zum Nichthandeln zu gelangen. [...] Ihr braucht daher nur das Licht kreisen zu lassen; dies ist das tiefste und wunderbarste der

Geheimnisse. Wenn man dem Licht ermöglicht, genügend lange zu kreisen, verfestigt es sich. Dann ist es der natürliche geistige Körper. Das ist die Bedingung, von der im Buch vom Siegel des Herzens gesagt worden ist: *„Schweigend entschwebst du nach oben.“*

Wenn ihr diese Methode befolgt, braucht ihr keine andere. Ihr müsst nur eure Gedanken auf sie konzentrieren. Es wird auch gesagt: „Durch Konzentrierung seiner Gedanken kann man fliegen und im Himmel geboren werden. Der Himmel ist nicht das mächtige blaue Gewölbe, sondern der Sitz der Schöpfungskraft, wo der Körper aufgebaut wird.“ [133]

Erfahrungsberichte

Douglas Hughes schreibt in einem 1978 erschienen Artikel in der „Vancouver Sun“ mit dem Titel „Recalling the levity of childhood“ (Erinnerung an die Levitation in meiner Kindheit):

Die Leute von der Transzendentalen Meditation fliegen jetzt. In der Vancouver Sun gab es Bilder dafür zum Beweis. Eine junge Dame (glaube ich) mit einem hübschen Lächeln war dort abgebildet, wie sie in voller Lotus-Position schwebte, während ein junger Mann (glaube ich), ebenfalls in voller Lotus-Position, […] zuschaute. […] Derartiges überrascht mich nicht.

Für einen kurzen Zeitraum in meinem siebenten Lebensjahr war ich in der Lage zu fliegen. Sehr leicht. Ich entdeckte diese besondere Fähigkeit an einem heißen Sommernachmittag, als man mich der Obhut der Nachbarn anvertraut hatte, den nicht mehr ganz jungen Besitzern eines wunderschönen, ein wenig „verspukten“ viktorianischen Pfefferkuchenhäuschens. Während meine Beschützer sich für ihre Nachmittagslimonade auf die verglaste Veranda zurückzogen, blieb ich drinnen und war plötzlich in der Luft, wirklich und wahrhaftig schwebend. […]

Ich befand mich dicht unter der Zimmerdecke und konnte von dort die gesamte Länge der Treppe überblicken. Ich fühlte mich wunderbar beschwingt, aber auch ein wenig schwummerig und benommen.

140

Aus dieser überlegenen Position heraus konnte ich mir jetzt einen ausgedehnteren Blick über das Haus verschaffen. Ich konnte bis hinter das Ende der Treppe, vorbei an der Garderobe durch die Doppeltüren in den Salon blicken. Dann kam mir der Gedanke, dass ich irgendwie in der Lage wäre, mich zu bewegen und ohne den Fußboden zu berühren die Treppe hinunter in den Salon gelangen könnte. Langsam wie im Traum begann ich den Abstieg. Von hoch oben nahm der Raum einen neuen Glanz an. Ich schaute von oben auf den Teppich im Treppenflur, dessen orientalische Muster sich wie magisch vor meinen Augen drehten.

Als ich näherkam, funkelte das Licht der farbigen Glasfenster in erregenden Schwingungen und Tönen. Meine Reise fand am Messing-Kronleuchter, der an der Decke des Salons hing, ihr Ende. Das geschah ohne jede Vorwarnung. Welche Kraft es auch war, die mich in der Luft gehalten hatte, sie war plötzlich verschwunden, und ich fiel sanft und ohne mir wehzutun zu Boden …

Jedenfalls lässt mich meine persönliche Erfahrung mit der Levitation und alles, was ich von anderen darüber gehört habe, glauben, dass die Leute von der TM es ehrlich meinen mit ihren Behauptungen. Vielleicht hat ihnen die Meditation zu jener Unschuld verholfen, die zu allen möglichen wunderbaren Dingen führt, inklusive dem Fliegen mit unserem Körper. So hoffe ich. Das könnte allerlei Aufregung auslösen. [134]

Fräulein F. L. berichtete mir im Jahre 1953: „Von meinem 2. bis 18. Lebensjahr wohnten wir in Berlin-Steglitz. Das Treppenhaus war das für viele Berliner Häuser typische mit einer prunkvoll breiten Marmortreppe mit ziemlich tiefen Stufen, die bis zum Hochparterre reichte. Ich war damals vielleicht fünf Jahre alt und ging noch nicht zur Schule.

Ich erinnere mich noch gut, wie ich öfters am oberen Ende der Treppe stand und dabei den unwiderstehlichen Drang verspürte, mit einem Flug, ohne Berührung der Stufen, über die ganze Treppe herunterzuschweben. Dieses Gefühl war so stark in mir, dass ich tatsächlich einen Schritt vorwärts machte und wie im Fluge, ohne die Stufen zu berühren, die Treppe herunterschwebte und erst unten den Boden wiedergewann. Es drehte sich um keine subjektive Halluzination, sondern um ein objektives Fliegen durch die Luft. Dieses Experiment führte ich mehr als einmal aus. In späteren Jahren, vielleicht bis zu meinem 15. bis 16. Lebensjahr, fühlte ich noch öfters den Drang, wieder so die Treppe hinunterzufliegen, konnte es aber nicht mehr. Ich wagte es auch gar nicht, weil ich fühlte, dass es nicht mehr gelinge.

Dieses Fliegen war das herrlichste und erlösendste Gefühl, das man sich denken kann. Erklären kann ich mir das Phänomen nicht, erinnere mich aber noch deutlich an die vollständige Realität. [135]

Dichtung

Dass du emporsteigst, darf dich, möcht ich glauben
Nicht mehr verwundern als der Lauf des Bächleins
Das talwärts fließt von einem hohen Berge;
Zu wundern wär an dir, wenn du, entbunden
Von Hindernissen, drunten bleiben würdest,
Wie Feuer, das am Boden stille hielte,"
Dann wandte sie ihr Antlitz auf zum Himmel. [136]

Eines Tages geschah es, dass ein Ding nicht zu Boden fiel. Als einziges seiner Art blieb es in der Luft schweben, etwa einen Meter über dem Boden. Niemand konnte diese Erscheinung erklären. Man errichtete einen Tempel darum herum. [137]

Gesang

Wenn einer singt,
Soll er nicht nur mit seiner Seele singen,
(Dass er mit Gedanken singt, versteht sich von allein.)
All seine Körperzellen müssen klingen,
Verschleudern muss er sich. Es muss so sein,
Als hätte er für dieses Lied gelebt,
Für diesen Augenblick, in dem er singt.
Er muss der sein, der sich vom Boden hebt

Aus eigener Kraft. Was nie gelingt
in Wirklichkeit, muss ihm gelingen.
(Wie man das macht, verrät kein Kunstgebot.)
Wenn einer singt, so muss er singen:
Gegen die Schwerkraft und den Tod. [138]

Flugsang

für Eva Strittmatter (Malte Hozzel)

Wenn einer fliegen will
Sollte er nicht nur mit seiner Seele fliegen
(Dass er mit seinen Gedanken fliegt, versteht sich von allein)
Den ganzen Willen muss er willenlos nach innen biegen
Zum feinsten Atemhauch des Schweigens, tief im eigenen Sein
Und dort – inmitten all der angestauten Stille
Mit jeder Körperzelle sich zum Himmel schwingen
So muss es sein und kann nur so gelingen:
Ganz unbegreiflich zart muss es sich lassen
Und doch im Lassen zart nach jenem fassen
Was ihn aus eigener Kraft vom Boden hebt
So muss es sein, in diesem Wiegen
Von Sein und Nicht-Sein, dass er jenes schafft
Worüber, andere bestenfalls in Versen singen –
Wie das gelingt, verrät ein Kunstgebot:
Wenn einer fliegen will, muss er sich selbst besiegen
Und allen Zweifel, alle Not
Er muss zu jenem Kerne dringen
Aus dem der feinste Stoff gemacht

Wenn einer fliegt, dann muss sein ganzer Körper klingen
und lachen und singen gegen Nacht und Tod. [139]

Zeugenberichte

Brahms Interesse an der Levitation

Brahms: „Joseph (Joseph Joachim, ein berühmter Violinist der damaligen Zeit), erzähle Mr. Abell (dem Autor des Buches), wie du Daniel Home in London in der Luft wandeln sahst."

„Daniel Home!", rief ich. Meine Großmutter kannte ihn; auch sie hat gesehen, wie er in der Luft wandelte und viele andere so unglaubliche Kunststücke vollbrachte. [...] Da sprang Brahms in großer Erregung vom Stuhl auf, deutete mit dem Finger auf mich und rief: „Was! Sie wollen mir hier erzählen, dass Ihre eigene Großmutter tatsächlich den einzigen Mann seit Jesus Christus gesehen hat, der das Gravitationsgesetz brechen und in der Luft wandeln konnte?"

„Aber gewiss. Sie war gut mit ihm bekannt, denn er lebte viele Jahre in Norwich, Connecticut, meiner Heimatstadt. [...] Daniel Home war 19, als sie sah, wie er in der Luft schwebte und andere unglaubliche Dinge ausführte. Das war im Jahre 1852." [...] Hier unterbrach Brahms und sagte zu Joachim: „Joseph, berichte Mr. Abell von den Dingen, die Home in London und Paris in den 50er und 60er Jahren getan hat."

Worauf der berühmte Geiger erzählte: „Ich sah, dass Home auch das tat, was Ihre Großmutter Ihnen beschrieben hat. Das erste Mal im Jahre 1853 in Bulwer-Lyttons Haus in der Park Lane, London. In späteren Jahren sah ich auch, wie er andere unglaubliche Kunststücke vollbrachte; aber was mich am meisten interessierte, war die Wirkung dieser Phänomene auf hervorragende Leute wie zum Beispiel John Ruskin. Als ich ihn im Jahre 1861 in London zum ersten Mal traf, war er äußerst entmutigt und pessimistisch, weil Darwin, wie er sich ausdrückte, ‚die Welt in Asche verwandelt' und seinen Glauben an die Religion und an ein künftiges Leben völlig erschüttert habe.

Bild: Daniel Dunglas Home, das berühmte schottische Medium
des 19. Jahrhunderts, levitiert am 8. August 1852 vor Zeugen
im Haus von Ward Cheney in South Manchester, Connecticut.

Diese Illustration wurde erstmals 1887 in dem Buch Les Mystères de la science (Die Geheimnisse der Wissenschaft) des französischen Hellseherforschers Louis Figuier veröffentlicht [138a].

‚Lohnt es sich noch zu leben?‘, fragte mich Ruskin. ‚Darwin, Huxley und Haeckel haben bewiesen, dass es keinen Gott gibt, dass Religion Opium für das Volk ist, dass es kein Leben nach dem leiblichen Tod gibt. Das Schreckliche an dieser ganzen Lehre ist dies, dass diese Leute nichts an die Stelle jenes seelentröstenden Glaubens an ein Leben über das Grab hinaus zu setzen vermögen.‘

Später jedoch, im Jahre 1865, teilte mir Ruskin mit: ‚Mein lieber Joachim, ich habe meinen Glauben an die Unsterblichkeit wiedergewonnen, als ich sah, wie Daniel Home solch außergewöhnliche Taten vollbrachte, die sich durch keinerlei menschliche Wirksamkeit deuten lassen.

Die einzige Erklärung ist eine höhere Macht, die wir Gott nennen, die aber Darwin und Huxley nicht kennen. Ich bin jetzt davon überzeugt, dass es sich in allem so verhält, wie Jesus in den Evangelien in Bezug auf ein künftiges Leben lehrte.‘

Wir saßen eines Abends im großen Wohnzimmer im Hause Mr. Burrs, als plötzlich Daniel Home aufstand, sich vom Boden erhob und in der Luft im Zimmer umherschwebte, wobei er seine Beine bewegte, als ginge er auf dem Boden. Er wiederholte dies zweimal, und beim dritten Mal erhob er sich bis zur Decke, berührte sie mit den Händen und dem Kopf und schwebte dann langsam zum Boden zurück.“ [140]

Besonders berühmt ist ein Vorfall, den drei Zeugen bestätigen: Lord Lindsay (der spätere Earl von Crawford), Lord Adare (später Earl von Dunraven) und Captain Wynne. Vor einem Ausschuss der Dialectical Society und bei anderen Gelegenheiten versicherten sie ihre feste Überzeugung von der Tatsächlichkeit der Vorkommnisse. Sie erklären, dass am 13. Dezember 1868 Mr. Home aus einem Fenster des dritten Stockes im Hause Buckingham Gate 5, London, hinaus und im entferntesten Fenster des anstoßenden Zimmers wieder herein geschwebt sei. Anwesend waren die genannten drei Herren, aber die Beleuchtung war sehr schwach. Einer von ihnen sagte später, dass er den Vorfall bei Mondlicht beobachtet habe. [141]

Film

Erinnert sei auch an die wohl zum ersten Mal gefilmte Levitation in Obervolta/Westafrika von Nana Owaku in dem Film von Ralf Olsen (1975) „Reise ins Jenseits".

Lateinamerika

Don Genaro stand auf und ging langsam zu einer vollkommen flachen Stelle drei oder vier Meter vor uns. Dort machte er eine seltsame Gebärde. Er bewegte seine Hände, als ob er Staub von seiner Brust und von seinem Bauch wischen würde. Dann passierte etwas Sonderbares. Ein beinahe nicht wahrnehmbarer Lichtblitz ging durch ihn hindurch. Er kam aus der Erde und schien seinen ganzen Körper zu entflammen. Er machte eine Art Rückwärtssalto, oder besser, er tauchte rückwärts und landete auf Brust und Armen. Seine Bewegung war mit solcher Genauigkeit und Geschicklichkeit ausgeführt worden, dass es erschien, als sei er ein schwereloses Wesen, ein schlangenartiges Geschöpf, das sich um sich selbst gedreht hatte. Als er auf dem Boden war, führte er eine Reihe von unirdischen Bewegungen aus. Er glitt ein paar Zentimeter über den Boden dahin, oder er rollte darüber, als ob er auf Kugellagern liegen würde. Oder er schwamm darauf, wobei er Kreise beschrieb und sich dabei mit der Schnelligkeit und Beweglichkeit eines Aals wand, der im Ozean schwimmt.

Plötzlich kreuzten sich meine Augen und dann sah ich ohne Übergang einen leuchtenden Ball, der auf einer Art Eisfläche, auf der tausend Lichter leuchteten, hin und her glitt. Der Anblick war erhaben. Dann kam der Feuerball zur Ruhe und blieb bewegungslos. Eine Stimme schüttelte mich und zerstreute meine Aufmerksamkeit. Es war Don Juan, der sprach. Ich konnte zuerst nicht verstehen, was er sagte. Ich blickte wieder auf den Feuerball. Ich konnte nur erkennen, wie Don Genaro mit ausgebreiteten Armen und Beinen auf dem Boden lag.

Don Juans Stimme war sehr klar. Er schien etwas in mir auszulösen und ich begann zu schreiben. „Genaros Liebe ist die Welt", sagte er. „Er hat gerade diese gewaltige Erde umarmt, aber weil er so klein ist, kann er nur darin schwimmen. Aber die Erde weiß, dass Genaro sie liebt und sie gewährt ihm ihren Schutz. Deshalb ist Genaros Leben bis an den Rand gefüllt, und er wird immer im Überfluss leben, wo immer er auch sein wird. Genaro streift auf den Pfaden seiner Liebe umher und immer ist er zufrieden." [142]

Bulgarien

In einem kurzen, von einer westlichen Zeitschrift ohne Quellenangabe veröffentlichten Artikel wurde behauptet, dass Michail Drogsenowilsch, ein dreiundfünfzigjähriger Bauer aus dem bulgarischen Dorf Stara Sagora, die Levitation beherrsche, das heißt, sich ohne materielle Hilfsmittel in den Schwebezustand versetzen könnte. Vor „wissenschaftlichen Zeugen", war da zu lesen, schloss der Bauer die Augen und setzte sich auf seinem Feld nieder. Nach intensiver Konzentration begann er sich langsam in die Luft zu erheben, bis er gut einen Meter über dem Boden schwebte. Seine Augen waren geschlossen, sodass eine Massenhypnose seiner Zuschauer ausgeschlossen war. Zehn Minuten lang blieb er im Schwebezustand, sodass die Zeugen Zeit hatten, sich zu versichern, dass weder ein Strick noch irgendwelche anderen Hilfsmittel den Bauer in der Schwebe hielten. Dann senkte er sich langsam wieder zur Erde. „Wenn ich erst in der Luft schwebe", soll er angeblich gesagt haben, „kann ich meine Position nicht mehr verändern. Ich gelange allein durch die Willenskraft dorthin."

Wir fragten einige Wissenschaftler des Instituts, ob sie sich auch mit dem Phänomen der Levitation befassten. Falls sie von Michail, dem schwebenden Bauern gehört hatten, so gaben sie es nicht zu. Sie sagten aber, dass Dr. Losanow in Indien Yogis gefilmt habe, die anscheinend das Gesetz der Schwerkraft durchbrechen und für kurze Perioden im Schwebezustand verbleiben konnten. „Der Yogi, den er untersuchte und filmte," erfuhren wir, „konnte seinen ganzen Körper ruckartig in die Luft schnellen. Er hob sich mehrere Zentimeter hoch und blieb eine Sekunde lang in der Schwebe." [143]

Transzendentale Meditation, TM-Sidhis und das vereinheitlichte Feld

Die Wissenschaft lehrt uns, dass sich die ganze Schöpfung aus Energieschichten aufbaut, eine Schicht innerhalb der anderen, sodass die subtilste den innersten Bereich der Schöpfung darstellt. […] In den letzten Jahren ist die Anzahl der bekannten Elementarteilchen rasch gewachsen, eine ganze Reihe von instabilen Partikeln wurde entdeckt. Die Physik sieht sich nun der Tatsache gegenüber, dass nicht einmal mehr diese Teilchen als „elementar" betrachtet werden können. Die Physiker sind auf der Suche nach noch subtileren Schichten der Materie, aus denen sich wiederum die heutigen Elementarteilchen zusammensetzen. So richtet sich die Forschung in der Physik auf fortschreitend subtilere Schichten von Materie und Energie.

In der Welt der Physik, welche wir die Relativität, das Relative oder das relative Feld der Existenz nennen wollen, sind verschiedene Formen der Energie bekannt. Diese Formen verwandeln sich ewig ineinander nach den Gesetzen der Physik. Die Untersuchungen der Physik führen uns zu dem Gedanken, dass möglicherweise eine Fundamentalform der Energie existiert, die absolut stabil und subtiler als jede andere Energieform ist. Die Relativität würde sich dann als Aufwallung dieser absoluten Energie darstellen, und alle Formen physikalischer Energie wären Manifestationen dieses absoluten Zustandes unmanifestierter Energie.

Dies wäre die Quelle aller Materie und Energie. Sie würde zu subtil sein, als dass sie durch die Physik erkannt werden könnte, denn schon die „Energie eines Gedankens" ist zu subtil, um von der heutigen Physik gemessen zu werden. Unzweifelhaft ist aber mit jedem Gedanken ein energetischer Prozess verbunden; die Existenz von Gedankenübertragung über weite Entfernungen – obwohl kein alltägliches Phänomen – bestätigt diese Konzeption der Gedankenenergie. Die Basis der Gedankenenergie nennen wir die Schicht oder den Zustand des Seins. So sind Sein und das Absolute Synonyme.

Die wachsende Erkenntnis der subtilen Schichten der Schöpfung durch die Physik hat die Möglichkeiten des Menschen weit über die noch vor wenigen Jahrzehnten bestehenden Vorstellungen hinausgelangen lassen. In dem Maße, in dem unsere Kenntnis der feinen Schichten von Materie und Energie durch die physikalischen Wissenschaften voranschreitet, werden wir den Nutzen aus dieser Erkenntnis ziehen können. Unser Leben gewinnt an Zusammenschau, an Macht, an Nutzen; unsere Aspirationen wachsen ebenso, und wir werden schöpferischer und erfüllter. Mit der Kenntnis des letzten Urgrundes der Schöpfung, der absoluten Energie, wird die menschliche Zivilisation auf Erden einen noch nicht vorstellbaren Glanz erreichen.

Wenn die Physik darin fortschreitet, die feineren Schichten jener feinen Teilchen zu erforschen, so muss sie letztlich auf den unmanifesten Aspekt der Existenz stoßen, der jenseits der subtilsten Aspekte eines Energieteilchens liegt, auf das Feld des Seins. Auf diese Weise wird die Wissenschaft gewiss das Sein als eine wissenschaftliche Realität anerkennen, dies ist nur eine Zeitfrage. Aber wie viel Zeit auch verstreichen mag, bis die Physiker einer zukünftigen Generation das Sein als eine an der äußersten Grenze der Wissenschaft liegende Realität erklären werden, eines ist sicher: Der Mensch sollte nicht die direkte Erfahrung jener Realität der Existenz entbehren, welche die eigentliche Grundlage des Lebens bildet und deren Realisation das Leben in all seinen Aspekten aufleuchten lässt. [144]

Zum Programm der Transzendentalen Meditation
Alles Handeln basiert auf Denken. Es gibt einen Bereich in uns, von dem die Gedanken kommen. Es ist offensichtlich, dass der

Denkende aus sich selbst heraus denkt. [...] Jeder Gedanke ist ein Impuls von Energie und Intelligenz. Aufgrund von Energie bewegt er sich und fließt, aufgrund von Intelligenz verfolgt er eine bestimmte Richtung.

Wenn der Gedanke ein Impuls von Energie und Intelligenz ist, dann muss die Quelle der Gedanken, aus der unzählige Gedanken aufsteigen, notwendigerweise ein unerschöpfliches Reservoir an Energie und Intelligenz sein.

Das Wesen der Transzendentalen Meditation liegt darin, dass die geistige Aktivität spontan zur Ruhe kommt und sich verfeinert. Sie ist eine Methode, mit der man die Quelle der Gedanken, den Bereich reiner kreativer Intelligenz auf mühelose systematische Weise erfährt. Ganz automatisch, natürlich und sehr spontan verfeinert sich die geistige Aktivität, bis schließlich der Geist – innerlich voll wach – in einem Zustand frei von jeder Tätigkeit zur Ruhe kommt. In diesem Zustand erfährt der bewusste Geist den Zustand reiner Bewusstheit. Dies ist Transzendentale Meditation. Die Technik ist mühelos, weil die Fähigkeit zum Handeln bereits die Fähigkeit zur Ruhe mit einschließt.

Was den Geist betrifft, so hat dieser die Fähigkeit, still zu sein. In dieser Stille ruht sich der Geist von aller Aktivität aus und befreit sich von Ermüdungen. Dieser Zustand reinen Bewusstseins wird auch reines Glück oder Seligkeit genannt. Und wir haben gesehen, dass der Geist sich ganz von selbst zum Glücklichsein bewegt. Das Zur-Ruhe-Kommen im Zustand der Glückseligkeit ist etwas ganz Natürliches, weil der Geist dazu neigt, in Richtung von Unbegrenztheit fortzuschreiten. Solange der Geist tätig bzw. in Bewegung ist, bleibt er begrenzt. Wenn er die Grenzen und damit die Aktivität transzendiert, gewinnt er einen Zustand reiner innerer Bewusstheit. Hier ist der Geist unbegrenzt und frei. [145]

Zum TM- und TM-Sidhi-Programm

Wenn das stille, ungeschaffene Feld des Bewusstseins in sich selbst bewusst wird, so entsteht die unmanifeste Natur der Schöpfung (unmanifester Raum, unmanifeste Zeit, Bewegung, Richtung, Geist, Intellekt und Ich). lm unmanifesten Feld des Bewusstseins ist die gesamte Geschichte der Schöpfung enthalten. Darum ist die Heimstatt der gesamten Schöpfung das reine Feld des Bewusstseins. Wenn wir unseren bewussten Geist auf der Ebene reinen Bewusstseins, dem unmanifesten Selbst, verankern und diese Ebene inmitten unserer Aktivitäten aufrechterhalten können, dann werden wir in der Lage sein, alles zu vollbringen, was wir im manifesten Feld des Lebens vollbringen wollen. [146]

TM-Sidhi-Programm und Physik

Im TM-Sidhi-Programm wird die Ebene reinen Bewusstseins durch den Mechanismus des „Selbst-Rückbezugs" belebt. Bewusstsein wird seiner selbst bewusst. Durch Rückbezug auf sich selbst beginnt Bewusstsein, sich zu bewegen und dynamisch zu werden, anstatt statisch zu bleiben. Physiker haben die Entwicklung der Erfahrung reinen Bewusstseins, wie sie sich von der TM-Technik zum TM-Sidhi-Programm abspielt, mit einem Parallelgeschehen aus der Geschichte der Physik verglichen: der Entwicklung im Verständnis des Phänomens „Raum" von einem statischen zu einem dynamischen Feld.

Vor Einstein galten Raum und Zeit lediglich als vager Hintergrund, um physikalische Ereignisse aufzuzeichnen. In ähnlicher Weise galt Bewusstsein – vor Maharishi – lediglich als vager Hintergrund für Gedanken und Wahrnehmungen. In Einsteins Spezieller Relativitätstheorie gewannen Raum und Zeit eine absolute und unveränderliche Wirklichkeit. Raum-Zeit wurde zu „etwas" anstelle von „nichts" aber sie blieb eben, statisch, leer: eine „Arena" für alles, was sich ereignete. Dies ist vergleichbar mit der Entdeckung durch die TM-Technik: Bewusstsein ist in sich absolute Wirklichkeit, ein autonomes Feld, und nicht mehr bloßer Hintergrund.

In Einsteins sehr viel vollständigerer Allgemeinen Relativitätstheorie gewinnt die Raum-Zeit-Geometrie die Fähigkeit, sich zu „krümmen", sich zu bewegen und dynamisch zu werden. Gemäß

152

Einsteins Theorie wird die Raum-Zeit-Geometrie zum Gravitationsfeld, sobald sie in Bewegung gerät. Mit den Worten von J. A. Wheeler: Während der leere Raum nur die „Arena" der Ereignisse war, verwandelt er sich nun zum „Teilnehmer". Ähnlich verhält es sich mit unserem Bewusstsein. Wenn dieses durch die Praxis des TM-Sidhi-Programms in Bewegung gebracht wird, wird es zur Grundlage der gesamten Schöpfung, dem dynamischen Feld, dessen Anregungszustände als Totalität subjektiver und objektiver Wirklichkeit erfahren werden. Welch beispiellose Entdeckung in der Geschichte der Wissenschaften: Die unmanifeste Wirklichkeit transzendentalen Bewusstseins, Grundzustand aller Naturgesetze, wird zum Lenker aller Prozesse des Universums.

Wenn der Mensch transzendentales Bewusstsein aktiviert und belebt und lernt, Gedanken und Handlungen aus diesem „einfachsten" Zustand des Bewusstseins zu projizieren, so öffnet er sich das Feld aller Möglichkeiten und kann sich jeden Wunsch damit erfüllen. Diese Technologie ist die größte theoretische und praktische Entdeckung in der gesamten Wissenschaftsgeschichte – die eigentliche Erfüllung unseres wissenschaftlichen Zeitalters und die Grundlage des Zeitalters der Erleuchtung. [147]

Das vereinheitlichte Feld kann unmittelbar erfahren werden. Die theoretische Physik gelangte im letzten Jahrzehnt zu einem zunehmend vereinheitlichten Verständnis der fundamentalen Kräfte und Teilchen der Natur. In den vergangenen Jahren und Monaten bestätigten viele faszinierende theoretische und experimentelle Entdeckungen auf überzeugende Weise die Existenz eines vereinheitlichten Feldes aller physikalischen Kräfte und Teilchen.

In dem folgenden Interview erläutert Dr. John Hagelin, anerkannte Autorität für vereinheitlichte supersymmetrische Quantenfeldtheorien und deren Integration mit der traditionellen Vedischen Wissenschaft, die Integration des modernen und des überlieferten Verständnisses des vereinheitlichten Feldes und seine praktische Anwendung durch die Maharishi-Technologie des Vereinheitlichten Feldes.

Frage: Dr. Hagelin, erklären Sie uns bitte, auf welchen Prinzipien die Maharishi-Technologie des vereinheitlichten Feldes beruht und wie sie zu ihrem Namen kommt.

Hagelin: Die Maharishi-Technologie des Vereinheitlichten Feldes beruht auf dem Prinzip, dass das vereinheitlichte Feld, die grundlegendste Realität der physikalischen Welt, dem menschlichen Geist unmittelbar zugänglich ist. Das vereinheitlichte Feld ist eine Funktionsebene der Natur, die nicht jenseits menschlicher Erkenntnis liegt, sondern unmittelbar erfahren werden kann. Diese Technologie wird Maharishi-Technologie des Vereinheitlichten Feldes genannt, da sie von Maharishi aus der uralten Vedischen Wissenschaft hergeleitet wurde.

Frage: Können Sie diese Technologie genauer erklären?

Hagelin: Die Maharishi-Technologie des Vereinheitlichten Feldes ist eine einfache, natürliche Technik, um das Bewusstsein so zu erweitern, dass der bewusste Geist die Ebene erreicht, auf der er sich mit dem vereinheitlichten Feld aller Naturgesetze identifiziert.

Frage: Gibt es wissenschaftliche Daten, die dies belegen?

Hagelin: Die Erfahrung dieses grundlegendsten Zustands des Bewusstseins ist begleitet von einem einzigartigen Zustand neurophysiologischer Integration, der durch Gehirnwellenkohärenz nachweisbar ist.

Die beiden Hemisphären des Gehirns sowie die vorderen und hinteren Gehirnlappen weisen einen hohen Grad an Kohärenz auf, ein Zeichen zunehmender Kommunikation und Integration der verschiedenen Persönlichkeitsbereiche.

Mehr als 600 wissenschaftliche Untersuchungen, die an über 250 Universitäten und Forschungsinstituten durchgeführt wurden, haben gezeigt, dass mit der Entwicklung dieser kohärenten Funktionsweise des Gehirns Wachheit, Kreativität, Intelligenz, Lernfähigkeit, Gesundheit, körperliche Vitalität und Langlebigkeit zunehmen. Viele dieser Studien wurden in führenden internationalen Fachzeitschriften veröffentlicht.

Frage: Wie kann das Nervensystem das vereinheitlichte Feld im „grundlegendsten Zustand des Bewusstseins" erfahren?

Hagelin: Es ist offensichtlich, dass das vereinheitlichte Feld letztlich der Ursprung aller Qualitäten der Schöpfung ist. Jede Eigenschaft der Existenz – elektrische Ladung oder was auch immer – muss ihren Ursprung in der Struktur des vereinheitlichten Feldes selbst haben. Deshalb muss Bewusstsein, das ja offensichtlich eine Eigenschaft der Schöpfung ist, letztlich seinen Ursprung in der Dynamik des vereinheitlichten Feldes haben.

Tatsächlich können die charakteristischen Merkmale von Bewusstsein oder Intelligenz in der Struktur des vereinheitlichten Feldes lokalisiert werden, was auf eine Verbindung des vereinheitlichten Feldes mit dem „Grundzustand", das heißt dem grundlegendsten Zustand des Bewusstseins hinweist. Wenn man die Eigenschaften des vereinheitlichten Feldes im Einzelnen untersucht, findet man alle Eigenschaften reinen Bewusstseins, des Bewusstseins in seinem Grundzustand.

Frage: Gibt es eine Bestätigung dafür, dass Bewusstsein ein Feld ist?

Hagelin: Ja, die Ausbreitung von Kohärenz, die stattfindet, wenn eine Gruppe gemeinsam die Maharishi-Technologie des Vereinheitlichten Feldes ausübt, ist der unmittelbare experimentelle Nachweis des Feldeffekts des Bewusstseins. Dieser Einfluss von Kohärenz wird zu Ehren Maharishis, der dieses Phänomen bereits 1960 voraussagte, als Maharishi-Effekt bezeichnet. Der Maharishi-Effekt besagt, dass schon eine so geringe Zahl von Experten, die der Quadratwurzel von einem Prozent einer gegebenen Bevölkerung entspricht und durch die gemeinsame Ausübung der Maharishi-Technologie des Vereinheitlichten Feldes an einem Ort das vereinheitlichte Feld erfährt, in der gesamten Gesellschaft einen Einfluss von Kohärenz erzeugt, der zu einer nachweisbaren Zunahme von Positivität und Kreativität sowie zu wachsendem Fortschritt in der ganzen Bevölkerung führt.

Frage: Gibt es Untersuchungen über den Maharishi-Effekt?

Hagelin: Ja, mehr als 50 Untersuchungen, unabhängig voneinander und mit sehr exakten Methoden durchgeführt, dokumentieren diesen Effekt der Gruppendynamik des Bewusstseins. Obwohl der Maharishi-Effekt erst vor relativ kurzer Zeit – un 1994 – entdeckt wurde, ist er inzwischen zu dem meist belegten soziologischen Phänomen geworden, das je untersucht wurde. Die Beweiskraft all dieser Untersuchungen zusammengenommen reduziert die Wahrscheinlichkeit, dass ein zufälliges Ergebnis vorliegt, auf weniger als eins zu einer Milliarde.

Frage: Gibt es einen physikalischen Mechanismus zur Erklärung des Maharishi-Effekts?

Hagelin: Ja, eine mögliche Erklärung wären beispielsweise elektromagnetische Mechanismen. Es hat sich gezeigt, dass das Gehirn sehr empfindlich gegenüber elektromagnetischen Einflüssen ist, insbesondere gegenüber Mikrowellen, die mit EEG-Frequenzen moduliert sind, ist es um einen Faktor von mehr als einer Million empfindlicher als noch vor zwei Jahren angenommen wurde. Neurologen haben in der Zellmembrane neue Mechanismen entdeckt, die als Ursache für die Empfindlichkeit des Gehirns auf diesen äußeren elektrischen Stimulus angesehen werden könnten. Ich persönlich bevorzuge jedoch einen grundlegenderen Mechanismus, der die Ausbreitung von Kohärenzwirkung auf das vereinheitlichte Feld zurückführt. Ein solcher Mechanismus beruht auf der Erkenntnis, dass Intelligenz in ihrem Grundzustand – einem vollkommen abstrakten und universalen Zustand – das vereinheitlichte Feld selbst ist.

Frage: Sind weitere Demonstrationen des Maharishi-Effekts geplant?

Hagelin: Die Weltversammlung für Vedische Wissenschaft, die in diesem Sommer (1993) in Washington stattfand, bestätigte erneut, dass mehrere tausend Personen, die gemeinsam die Maharishi-Technologie des Vereinheitlichten Feldes ausüben, in der Lage sind, einen weltweiten Einfluss von Kohärenz zu erzeugen. Doch solche Versuche sind befristet. Sie können den Effekt nur für sehr

kurze Zeit hervorrufen. Sobald ein Effekt, der
sich als vorteilhaft erwiesen hat, wiederholt bestätigt worden ist, ist es an der Zeit, ihn dauer-
haft zu etablieren. Für mich als Wissenschaftler
ist es klar, dass die Zeit der kurzfristigen Demonstrationen vorüber ist. Es muss jetzt eine
permanente Gruppe von 7000 gebildet werden,
um dauerhaften Fortschritt im Leben überall
in der Welt zu gewährleisten." [148]

John Hagelin [148a]

Zur Levitation

Nach Ansicht wissenschaftlicher Experten [...] erlaubt der Er-
kenntnisstand der modernen Quantenphysik weder die wissenschaftlich exakte Aussage, dass Levitationsphänomene möglich
sind, noch – und das ist hier entscheidend – die Aussage, dass sie
unmöglich sind. Der Grund hierfür ist, dass es bisher noch keine
mathematisch-physikalisch konsistente Theorie über das Wesen
der Gravitation gibt; denn allein eine solche kann die Grundlage
für eine Entscheidung dieser Frage sein. Weder Newtons Theorie
zur Schwerkraft noch deren geniale Erweiterung in Einsteins Relativitätstheorie können hierfür herangezogen werden, da beide zwar
einen hohen Erklärungswert für viele mit der Gravitation zusam-
menhängende Phänomene beinhalten, jedoch keine endgültigen
Aussagen über ihre quantenmechanischen Grundlagen zulassen.
Dies geht allein schon daraus hervor, dass sich Einstein bekanntlich
während der letzten Jahrzehnte seines Lebens vergebens bemühte,
die Schwerkraft zusammen mit den übrigen Grundbegriffen der
Physik in einer einzigen von ihm postulierten „vereinheitlichten
Feldtheorie" zu vereinigen.

Heute, nach mehreren Jahrzehnten weiterer experimenteller
und theoretischer Forschung, beginnt sich jedoch ein entschei-
dender Durchbruch auf diesem Gebiet abzuzeichnen, der in den
modernen „unified field theories" (z. B. N = 8 supergravity theory, string theory etc.) seinen Ausdruck findet und wesentliche

Neuerkenntnisse über die Struktur des Universums und das Wesen der Schwerkraft beinhaltet. Der Gehalt dieser Theorien ist solcherart, dass sie, wenn sie einmal ausgereift sind, sehr wohl die Existenz von Levitationsphänomenen theoretisch voraussagen bzw. die Mechanismen beobachteter Phänomene dieser Art erklären können. Da also bis auf weiteres diese Frage vom Standpunkt der reinen Physik aus weder bejaht noch verneint werden kann, ist ein Rückgriff auf den empirischen Nachweis um so bedeutungsvoller.

Zusammenfassend muss demnach darauf verwiesen werden, dass erst zukünftige, ausgereifte Theorien der Quantenphysik, an denen gegenwärtig die vorderste Front der Wissenschaft weltweit arbeitet, eine Erklärung für solche Phänomene geben werden können. Denn erst durch sie wird es voraussichtlich zu einer „Einbeziehung des menschlichen Bewusstseins in künftige Theorien von der Materie" [149] kommen. Dazu auch der Physik-Nobelpreisträger Eugene Wigner: Es bleibt bemerkenswert, [...] dass das eigentliche Studium der äußeren Welt zur Schlussfolgerung geführt hat, dass Bewusstsein eine letzte Wirklichkeit ist. [...] Physiker haben festgestellt, dass es unmöglich ist, eine befriedigende Beschreibung atomarer Phänomene ohne Einbeziehung des Bewusstseins zu geben. [150 – 151]

TM-Sidhis und Kohärenz

Die Tatsache, dass das TM-Sidhi-Programm seit Beginn des Jahres 1977 in vielen Teilen der Welt verfügbar ist, hat für viele Menschen die direkte Erfahrung höherer Bewusstseinszustände zusammen mit einigen bemerkenswerten Erfahrungen in der Wahrnehmung, dem kognitiven Bereich und in der Motorik möglich gemacht, die diese höheren Bewusstseinszustände begleiten. Durch den Einsatz simultaner Computeranalyse und schneller Fourier-Transformation ermöglichen die Computerprogramme zur Kohärenzaufzeichnung die Sichtbarmachung sehr enger Zusammenhänge zwischen bestimmten subjektiven Erfahrungen und ihren physiologischen Korrelaten. Erstmals beginnen Beziehungen zwischen der Natur des Denkvorgangs und seinem Substrat in der quantenmechanischen Natur neuraler Vorgänge sichtbar zu werden. Weitere experimentelle Forschungen und Erfahrungen können leicht unser Verständnis der Wechselwirkung von Körper und Geist verändern und neuartige Lösungsansätze ermöglichen, durch die die gegenwärtig weit verbreiteten Hindernisse für vollkommene Gesundheit, wie psychosomatische Störungen, Altern und soziales Fehlverhalten, beseitigt werden. Insgesamt wird deutlich, dass durch das Programm der Transzendentalen Meditation die Bewusstseinsforschung zu einem Schwerpunkt der Forschung geworden ist, von dem wir umgreifende Veränderungen im Verständnis aller wissenschaftlichen Disziplinen erwarten können. [152]

Untersuchungen zum TM-Sidhi-Programm

Diese Experimente geben erste Hinweise auf den Mechanismus, wie Gedanken wirken, um Wünsche zu erfüllen. Die Fähigkeit der Wunscherfüllung hängt vom Grad der Koordination zwischen Geist und Körper ab, die schließlich zur Koordination zwischen Bewusstsein und Umwelt ausgeweitet wird. Die Ausbreitung der EEG-Kohärenz während der TM-Sidhi-Techniken ist dem neurophysiologischen Prinzip der Rekrutierung analog, nach welchem immer mehr Einzelelemente zusammenwirken, um zunehmend komplexere Aufgaben zu bewältigen. Um reibungslose Wunscherfüllung zu gewährleisten, werden also immer mehr Naturgesetze spontan in Anspruch genommen. Das ist die Art, wie auch im Rig-Veda endogene Prozesse beschrieben werden.

Der Reflex (Sherrington, 1906) als Grundphänomen des Nervensystems scheint auch den Sidhi-Phänomenen zugrunde zu liegen: Charakteristische „Inputs" führen zu stereotypen „Outputs". Genauso wie beim Reflex die Erregung eines Dehnungsrezeptors Muskelaktivierung hervorruft, führt bei den TM-Sidhi-Techniken ein einfacher Aktivierungsreiz zu ganz bestimmten Reaktionen. Beim Reflex bestimmt das Aktivierungsniveau des Nervensystems die Art der Reflexreaktionen. Ähnliches ist bei den TM-Sidhis der

Fall, wo der grundlegende Bereich des transzendentalen Bewusstseins für die Art der Aktivität verantwortlich ist. Die Yoga-Sutras des Patañjali enthalten Formeln, die die Beziehung zwischen spezifischen Bewusstseins-Inputs und deren Outputs, den Sidhi-Phänomenen, genau angeben.

Die Sidhis können auch in Begriffen der modernen Ethologie beschrieben werden. Ethologisch gesehen löst ein spezifischer Signalreiz zuverlässig und wiederholbar eine hochspezifische Verhaltensreaktion aus, um den gewünschten Effekt hervorzubringen. Die Formeln von Patañjali können als solche Signalreize aufgefasst werden, die dazu dienen, in einem kohärent funktionierenden menschlichen Nervensystem bestimmte Effekte auszulösen, wie ungewöhnlich diese Effekte auch sein mögen. [153]

Die Korrelation häufiger Sidhi-Erfahrungen mit hoher EEG-Kohärenz, die in allen untersuchten Gehirnregionen auftrat, und das Fehlen einer klaren Beziehung zwischen den Erfahrungen der Sidhis und der Kohärenz einer bestimmten Gehirnregion scheinen sich am besten durch eine Erweiterung der „Massenaktionshypothese" von Lashley erklären zu lassen. Danach wird die Hypothese aufgestellt, dass eine große Anzahl kohärent interagierender kortikaler Neuronen für das Auftreten solcher Erfahrung notwendig ist. Die enge Beziehung zwischen den Sidhi-Erfahrungen und einer hohen EEG-Kohärenz in einem weiten Spektrum des EEGs könnte bedeuten, dass die Kohärenz des gesamten EEG-Signals ein notwendiger Faktor für die Ausübung der Sidhi-Techniken ist. Die hohen positiven Korrelationen zwischen der Klarheit der Erfahrung des reinen Bewusstseins während der TM-Technik, dem Wachschlaf und den Sidhi-Erfahrungen weisen auf zwei Interpretationsmöglichkeiten hin:

1. Die Stabilisierung reinen Bewusstseins ist eine notwendige Bedingung für die Erfahrung der Sidhis.

2. Die Erfahrung der Sidhis stabilisiert reines Bewusstsein, und dies wiederum führt zu verbesserter Koordination von Körper und Geist, das heißt letzten Endes zur Erleuchtung.

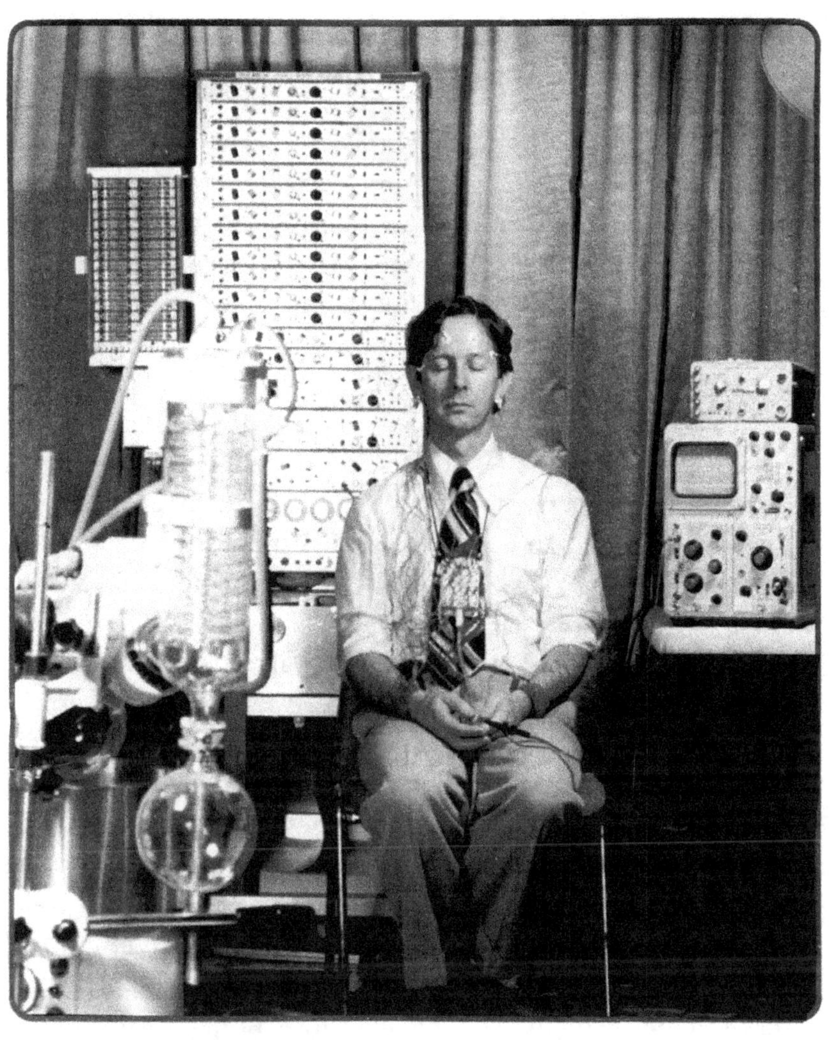

Das elektro-physiologische Forschungslabor der MERU, der europäischen Forschungsuniversität in der Schweiz, gehört zu den fortschrittlichsten Labors seiner Art in der Welt. Hier werden mit Hilfe des modernsten 17-Kanal-EEG-Polygraphen und einer Computer-Anlage physiologische Messungen höherer Bewusstseinszustände durchgeführt. Die Untersuchungen an der MERU haben gezeigt, dass die Technik der Transzendentalen Meditation eine optimale Funktionsweise des Gehirns bewirkt [153a]

Zur Ebene neuraler Mechanismen gibt es ebenfalls einige offensichtliche Parallelen: Erstens müssen die TM-Sidhi-Techniken statt neue neurale Verknüpfungen zu erzeugen, ein spontanes Entziffern der vorprogrammierten neuralen Information ermöglichen, indem die synaptische Übertragung erleichtert wird. Dies ist in Übereinstimmung mit der These, dass die Sidhis artspezifische Eigenschaften darstellen, die in jedem Menschen vorprogrammiert sind und ihren phänotypischen Ausdruck finden können. Möglicherweise sind die Sidhis ein Teil der genetischen Ausstattung aller Menschen.

Sehen wir die Gene als Baupläne für einen Bereich aller Möglichkeiten an und reines Bewusstsein als den Korridor, der die verschiedenen Teilbereiche verbindet, so sind die verschiedenen Sutras von Patañjali die Schlüssel, um bestimmte Teilbereiche des menschlichen Potenzials zu öffnen. Die Transzendentale Meditation ist in diesem Bild ein Staubsauger, der den Schutt aus dem Korridor entfernt und damit die Nutzung aller den Menschen zur Verfügung stehenden Bereiche der Kreativen Intelligenz ermöglicht. Die Ausübung der TM-Sidhis entwickelt im Menschen somit all die Fähigkeiten, mit denen ihn die Natur ausgestattet hat.

Der kreative Prozess, der im Zustand der geringsten Anregung des Bewusstseins abläuft und von Patañjali als „Sanyama" bezeichnet wird, erinnert an den Goldstone-Bosonen-Prozess in der Quantenfeldtheorie, bei dem die Erzeugung eines Elementarteilchens schon durch eine infinitesimale Anregung des Vakuums erfolgt.

Ein weiteres gemeinsames Element in dem quantenfeldtheoretischen Prozess der Teilchenerzeugung und Maharishis Theorie des Sanyamas ist, dass in beiden Fällen ein spontanes Brechen von Symmetrien (engl. symmetry-breaking) stattfindet. Die Erzeugung eines Goldstone-Bosons findet in einem Quantenfeld statt, wenn bestimmte Einflüsse einen spontanen Übergang von einem homogenen zu einem weniger homogenen Zustand hervorbringen. Der Einfluss der Patañjali-Sutras auf die Ganzheit des reinen Bewusstseins ist ebenfalls derart, dass eine spontane Lokalisierung des reinen

Bewusstseins in der Form, wie sie von Patañjali beschrieben wird, entsteht. Dies bedeutet, dass ein Brechen der ursprünglichen Symmetrie des Bewusstseins stattfindet, indem die Ganzheit des Bewusstseins in eine spezielle Richtung gelenkt wird. Dieser Vorgang belebt und stabilisiert die Ganzheit des Bewusstseins und bringt gleichzeitig die Sidhi-Phänomene hervor.

Nach dem Gesagten kann der kreative Prozess als selbsterneuernd bezeichnet werden: Kreative Leistungen stimulieren die Kreativität, weil die jeder kreativen Tätigkeit zugrunde liegenden Mechanismen den Effekt haben, reines Bewusstsein zu stabilisieren.

Die zunächst undifferenzierte Funktionsweise eines vollkommen kohärent arbeitenden Gehirns bildet die Grundlage für die Ausformung einer unbegrenzten Vielfalt von geordneten Erregungsmustern im Kortex. Dies bewirkt, dass gleichzeitig mit dem Auftreten der vielfältigen von Patañjali beschriebenen Sidhi-Phänomene die kohärente kortikale Integration gestärkt wird. Erhöhte Kohärenz ist deshalb ein Indikator für die Stärkung neuraler Strukturkompetenzen und deren Wechselwirkung.

Es sei angemerkt, dass die spezielle Sequenz der Sidhi-Techniken, wie sie von Patañjali empfohlen wird, dazu dient, eine Vielfalt neuraler Strukturen zu stabilisieren und zu stärken, die den motorischen und sensorischen Leistungen sowie der Geist-Körper-Koordination zugrunde liegen. Dies führt zu einer Belebung des gesamten Potenzials mentaler Prozesse, indem die Gedanken in ihrem Ursprung gestärkt werden.

Die Vorstellung eines undifferenzierten und unbegrenzten Basisbereichs, der durch Symmetrie-Brechung in sich selbst spezifische Strukturen erzeugt, befindet sich in Übereinstimmung mit der Theorie des Universums dargelegt im Rig-Veda, der ältesten Aufzeichnung menschlichen Wissens und menschlicher Erfahrung. Nach Maharishi bildet der Rig-Veda die ursprüngliche Quelle der TM-Sidhi-Techniken und besagt, dass alles Bestehende durch einen selbsterzeugenden Prozess von der Ebene des reinen Bewusstseins seinen Ausgang genommen hat. [154]

Es kann wohl mit Recht gesagt werden, dass sich kein Verfahren
sich als so zuverlässig und beständig in seinen Wirkungen, so völlig
ohne Widerspruch zum Lebensstil des Einzelnen und gleichzeitig
so offen gegenüber wissenschaftlicher Forschung gezeigt hat, wie
die Technik der Transzendentalen Meditation.

Darum ist es möglich geworden, wissenschaftlich die Natur höherer Bewusstseinszustände unter Einbeziehung physiologischer,
psychologischer und soziologischer Veränderungen zu beschreiben. Bereits jetzt zeigen die vorliegenden Forschungsergebnisse
eine neue Dimension in der Entwicklung menschlicher Fähigkeiten. Dies erlaubt uns heute, die normalen Fähigkeiten des Menschen neu zu definieren.

Die Erfahrungen der letzten zwei Jahre mit den TM-Sidhi-Techniken, die von Maharishi aus der alten vedischen Literatur des Rig-
Veda und aus Patañjalis Yoga-Sutren entwickelt worden sind, haben
ein noch schnelleres Bewusstseinswachstum möglich gemacht und
die Bewusstseinsforschung zu noch überraschenderen Ergebnissen
geführt, die das Wachstum unserer menschlichen Fähigkeiten bestätigen. [155]

Erfahrungsberichte von TM-Sidhi-Ausübenden

„Die Energie begann wirklich ganz leicht durch mich hindurchzu-
fließen und hob mich gleichsam in die Richtung nach oben; ich
schwankte nach vorne und nach hinten, und daran erinnere ich
mich, dass ich im Lotussitz nach vorne bis zu den Knien schwankte
und, anstatt dort anzuhalten, weiter hochgehoben wurde, bis ich
mich schließlich einige Zentimeter über dem Boden befand, dann
kam ich wieder herunter."

„Es war das größte Gefühl von Freiheit, das ich jemals hatte.
Ich bin frei vom Heute und von mir selbst, und doch bin ich ganz
erfüllt in meinem individuellen Selbst, und alles das ist sehr, sehr
glückselig."

„Fliegen ist reine ungetrübte Freude. Alles wird leicht und voller
Glück. Zuerst, als ich mit dem Hopsen begann, hatte ich ein Gefühl

von Energie, die in mir hochschoss und die mich nach vorne drückte. Einmal, als ich eine sehr starke Erfahrung des Transzendierens hatte, fühlte ich mich buchstäblich durch die Lüfte segeln. Und dann ging ich hoch, meine Beine baumelten unter mir, und ich landete mit gekreuzten Beinen sehr weich circa zwei Meter weiter. Als ich mich umdrehte, war ich verblüfft zu sehen, wie weit es mich getragen hatte. Es war so leicht gewesen.“

Studenten der MERU, der Maharishi European Research University in Seelisberg, Schweiz, 1977 beim Erlernen des Flug-Sidhi. [155a]

„Das erste Mal, als ich levitierte, waren acht Leute mit mir im Raum. Ich fühlte mich ungeheuer leicht und gut mit der Gruppe. Mein Körper stieg einfach vom Sofa in die Luft. Ich blieb für ein paar Sekunden so hängen und kam dann wieder sanft herunter. Seitdem habe ich Hunderte von Malen die Flugtechnik angewandt und habe davon 25 mal abgehoben. Zweimal hob sich mein Körper circa 20 cm in die Luft. Es ist sehr erfüllend. Ich fühle wirklich, dass Bewusstsein ein Feld aller Möglichkeiten ist. Es ist sehr beglückend. Seitdem ich das Fliegen praktiziere, habe ich beobachtet, dass meine Physiologie sich sehr verändert hat. Die Aktivitäten sind um so vieles leichter geworden.“

„Ich bin eine typische, eher ein wenig gehemmte englische Dame mittleren Alters. Ich dachte, dieses Hopsen ist nichts für mich. Ich konnte es einfach nicht tun. Aber einmal, als ich auf meinem Zimmer war, hatte ich eine wirklich schöne Meditationserfahrung. Es war so unbegrenzt und erfüllend.

Mein Körper fühlte sich an, als wäre er nichts als pulsierendes reines Bewusstsein, und ich dachte im Inneren: Jetzt, wo du dich so wunderbar fühlst, solltest du das Fliegen ausprobieren! Also fing ich mit der Flugtechnik an. Im nächsten Moment fühlte ich eine intensive innere Hitze, und Schauer von prickelnden Empfindungen perlten durch meinen Körper. Und dann dachte ich: Das ist es! Und im nächsten Augenblick fing ich an herumzuhüpfen, Runde um Runde in meinem Zimmer. Ich war so von Seligkeit erfüllt, dass es mich einfach in die Luft hob ... Ich wusste kaum, wie mir geschah, ich war einfach völlig glücklich.“

„Während meines abendlichen Meditationsprogramms schlief ich ein, da ich von der Arbeit am Vorabend noch sehr müde war. Plötzlich erschien mir im Traum das Bild einer Person, die neben meinem Zimmer wohnte. Alles war sehr klar und sehr farbig. Die Person lachte, und ich hatte das Gefühl, als hüpfe sie voller Ausgelassenheit um mich herum, manchmal aber auch direkt auf meinem Körper, wobei sie es besonders auf jene Körperpartien abgesehen hatte, in denen die größte Müdigkeit angestaut war.

Im selben Moment, als dieses imaginäre Hüpfen auf meinem Körper begann, fühlte ich eine große Erleichterung durch meine Nerven gehen, so als ob jemand aus einem unter Druck stehenden Kessel den Dampf ablässt. Gleichzeitig rannen durch alle Nervenkanäle, die ich im Traum, aber auch im Wachen bewusst wahrnehmen kann, Ströme neuer und belebender Energie.

Ich begann, vor Heiterkeit innerlich zu lachen, weil es komisch war, dass da jemand auf mir herumhüpfte, ohne dass ich sein Gewicht spürte und stattdessen mich nur erfrischt fühlte. Je mehr ich lachte, desto geringer wurde meine Müdigkeit. Dann kam der Gedanke auf: Oh, dieses Flugprogramm ist wirklich erstaunlich. Es wirkt sogar durch die Wände. Ich fühlte mich noch mehr erheitert durch diesen Gedanken, und neue Perlen erfrischender Energie rannen durch mein Rückgrat.

Als ich erwachte, war alles ganz klar, und ich hatte eine sehr angenehme Meditation danach. Auf meine Frage hin erfuhr ich, dass mein Nachbar in der Tat sein TM-Sidhi-Flugprogramm während der Zeit gemacht hatte, als ich eingeschlafen war."

„Ich nahm plötzlich ein strahlendes weißes Licht wahr und fühlte, wie mein Körper alle Schwere und Begrenzungen verlor. In diesem Moment schien sich mein Körper völlig neu zu strukturieren, alles ordnete sich und bewegte sich im gleichen Takt, in vollkommener Harmonie. Wie von einer unsichtbaren Hand gehoben, begann ich zu schweben, und ich sank nach etwa drei bis vier Sekunden zwei Meter von meinem Sitzplatz entfernt zu Boden."

„Wenn die Geist-Körper-Koordination perfekt geworden ist, wird bei dem einfachen Wunsch zu fliegen der Körper abheben. Wenn die Koordination nicht perfekt ist, wird der Körper nicht gleich fliegen,

aber er wird beginnen sich zu verändern, um sich anzupassen an die Forderung des Geistes. Können sie sich das Gefühl der Freiheit vorstellen, das der Geist hat, wenn man fliegen kann? Wenn der Körper diese Freiheit fühlt, ein Zustand, in dem man nicht mehr so eng begrenzt ist, dann sind Freude und Glück unbeschreiblich." [156]

Vier yogische Flieger heben beim „Hopsen" gleichzeitig ab.

Wissenschaftliche Studien zur Wirkung der Transzendentalen Meditation[1]

Seit 1970 wurden in mehr als 600 wissenschaftlichen Studien die Auswirkungen der TM-Technik auf den Einzelnen und seine Umgebung an über 250 Universitäten und Forschungsinstituten in 35 Ländern untersucht. Die Forschungsergebnisse wurden in über 350 Publikationen in mehr als 160 Fachzeitschriften veröffentlicht, darunter in den angesehensten Fachzeitschriften der Welt. In den vier Kriterien zur Zuverlässigkeit wissenschaftlicher Forschung schneiden diese Studien meist sehr gut ab:

1. Qualität der Forschung selbst, 2. Bestätigung durch unabhängige Forscher, 3. Veröffentlichung in wissenschaftlichen Fachzeitschriften, 4. Reproduzierbarkeit

Das vorliegende Buch ist eine Neuauflage des 1995 erstmals erschienenen Buches. Die von Maharishi Mahesh Yogi initiierte Bewusstseinsforschung wird heute größtenteils an der MIU in Fairfield, Iowa, fortgesetzt. Neueste Forschungen finden Sie auch auf www.truthabouttm.org und www.meditation.de/wirkungen/

Weitere Informationen zu Levitation finden sich in:

Craig Pearson, The Complete Book of Yogic Flying, 2008, ISBN 978-0-923569-27-3

Klaus Volkamer, Die feinstoffliche Erweiterung unseres Weltbildes, 5. Auflage, 2021, ISBN 978-3-946533-03-0

Klaus Volkamer, Der Forscher, der die Seele wog, 2023, ISBN 978-3-946533-08-5

Die Originalarbeiten finden sich in *„Scientific Research on the Transcendental Meditation Program, Collected Papers, Volume 1–7."*

---

1 Auswahl aus den Webseiten:

https://meditation.de

https://lothar-pirc.de

https://www.friedenspalast-erfurt.de

https://www.lebensqualitaet-technologien.de

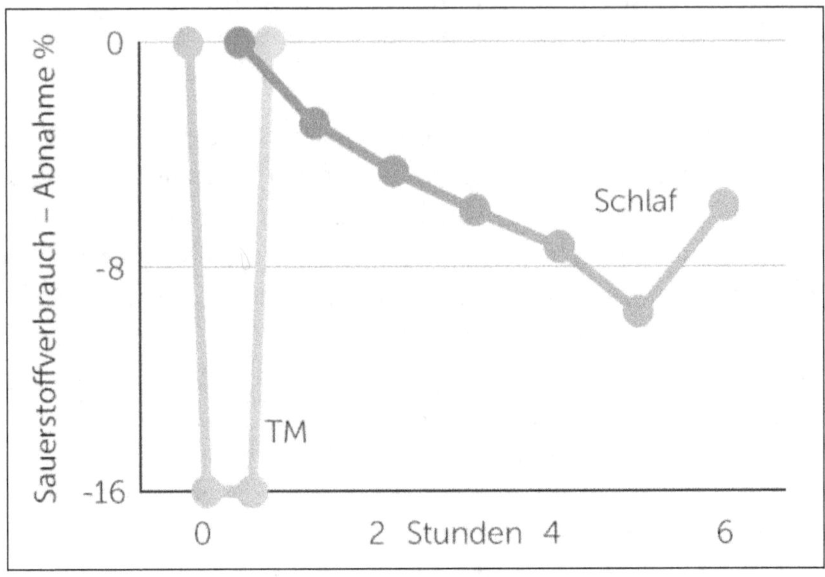

Wenn der Geist die feinste Ebene des Denkens überschreitet (transzendiert), gelangt er in einen Zustand vollkommener Ruhe. Mit der richtigen Technik sinkt der Geist automatisch und mühelos in eine Stille ohne
Gedanken, einen Bereich, der jedem Menschen innewohnt. Und wenn
der Geist transzendiert, kommt auch der Körper ganz von selbst in einen
Zustand tiefer Entspannung, viel tiefer als im Tiefschlaf. Das lässt sich
objektiv nachweisen durch Messung des Sauerstoffverbrauchs. Dieses
Diagramm einer Studie der Harvard Medical School zeigt, dass der Körper
während der TM eine Ruhe erreicht, die doppelt so tief ist wie die tiefste
Ruhe im Schlaf. Inzwischen bestätigen mehr als 30 Untersuchungen die
Tiefenentspannung während der TM.

Referenz:
Scientific American, Vol. 226, No. 2, February 1972, S. 84–91

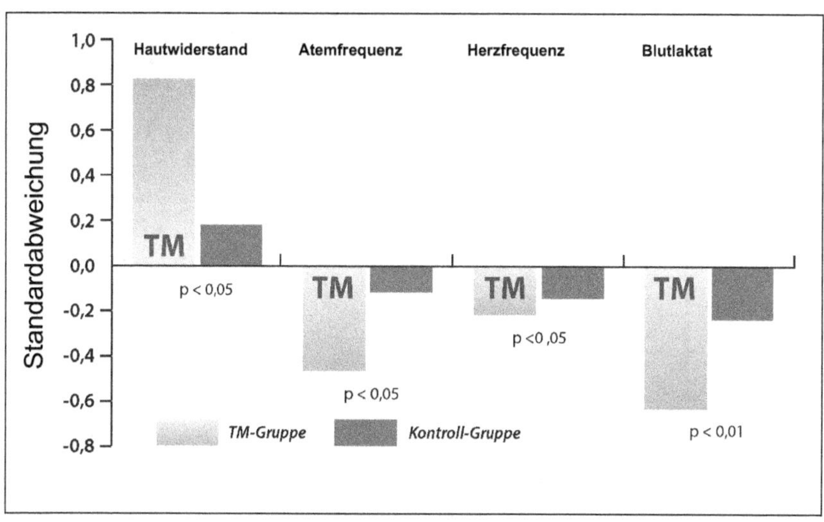

In einer Meta-Analyse von 31 verschiedenen Studien wurde der Unterschied der Tiefe der Entspannung zwischen TM und normaler Ruhe mit geschlossenen Augen untersucht. Das Ergebnis ist, dass sich die Ruhe während der TM deutlich von normaler Ruhe unterscheidet, wie anhand eines deutlich höheren Hautwiderstandes, geringerer Atemfrequenz, Herzfrequenz und sinkenden Blutlaktatgehalts gezeigt wird. Dabei handelt es sich um konsistente Ergebnisse über viele Einzelstudien hinweg.

Referenzen:
1. *American Psychologist,* Vol. 42, 1987, S. 879–881.
2. *Science* 167, 1970, S. 1751–1754.
3. *American Journal of Physiology* 221, 1971, S. 795–799

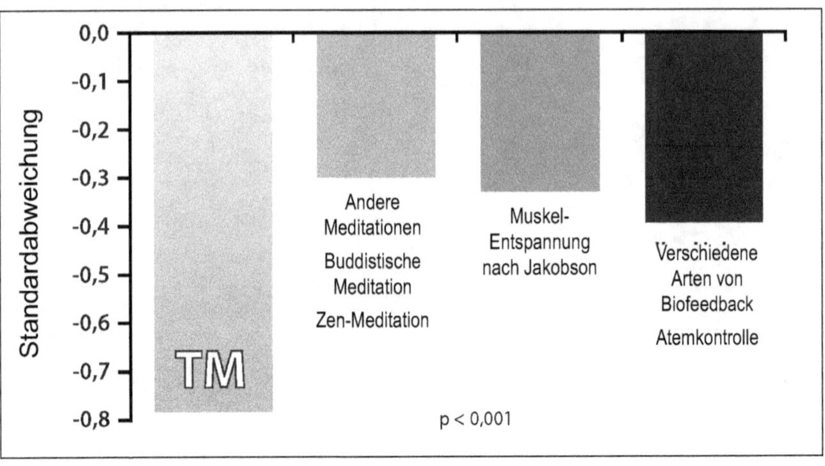

In einer Meta-Analyse von 146 Studien zur Angstreduktion durch verschiedene Entspannungsmethoden war die Transzendentale Meditation (TM) bei weitem das effektivste aller Verfahren, um Stress auszugleichen und Ängste abzubauen. Effektgrößen wurden für die verschiedenen Behandlungen (z. B. Progressive Entspannung, EMG-Biofeedback, verschiedene Formen der Meditation, etc.) berechnet. Die meisten der Behandlungen zeigten ähnliche Standardabweichungen, nur die Transzendentale Meditation zeigte eine signifikant größere Wirkung, und die Meditation, die mit Konzentration verbunden war, hatte eine signifikant geringere Wirkung.

Referenzen:
1. *Journal of Clinical Psychology* 33,1977, S. 1076–1078.
2. *Journal of Clinical Psychology* 45 (6),1989, S. 957–974.

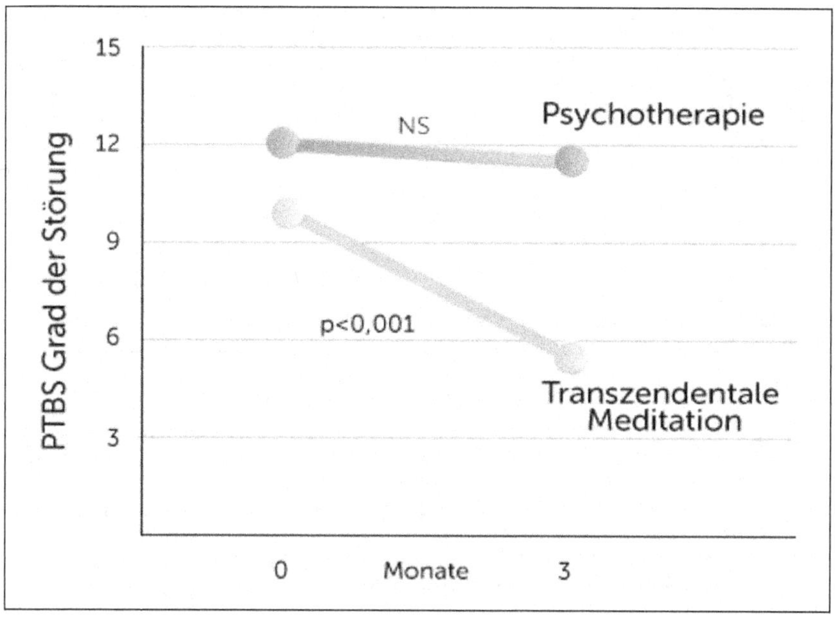

Eine Studie des medizinischen Zentrums der Universität Colorado in Denver, USA, verglich die Wirkungen der Transzendentalen Meditation mit den besten psychotherapeutischen Behandlungen für Patienten mit Stresstrauma. Nach drei Monaten zeigten sich bei der TM-Gruppe erhebliche Verbesserungen in allen Bereichen der Studie:

- Depression $p < 0{,}001$
- Posttraumatische Belastungsstörung $p < 0{,}001$
- Angstgefühl $p < 0{,}001$
- Emotionale Distanziertheit $p < 0{,}005$
- Alkohol-Missbrauch $p < 0{,}01$
- Schlafstörungen $p < 0{,}001$
- Familientrauma $p < 0{,}01$

Referenz:
Journal of Counseling and Development 64, 1985, S. 212–215

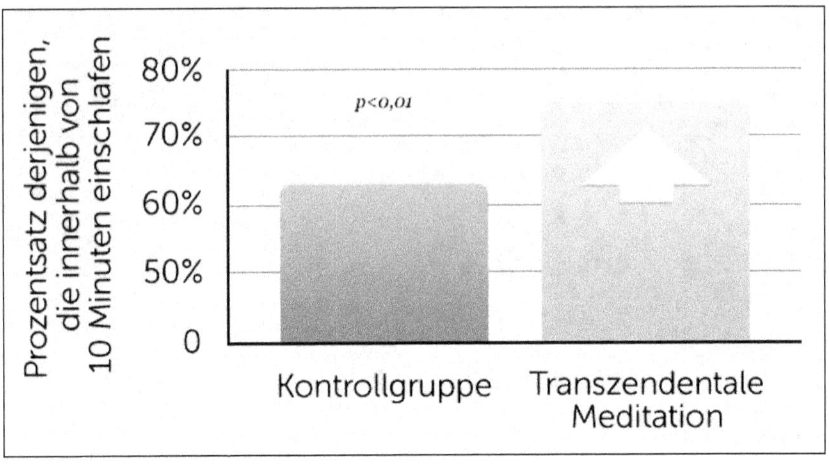

Eine große Studie, die vom japanischen National Institute of Industrial Health durchgeführt wurde, stellte fest, dass 427 Angestellte von Sumitomo Heavy Industries, die das Programm der Transzendentalen Meditation erlernten, nach drei Monaten leichter einschlafen konnten als die Kontrollgruppe von 308 Angestellten, die am gleichen Arbeitsplatz tätig waren. Das bestätigt eine frühere Pilotstudie der Universität von Alberta in Kanada, wo eine Gruppe von Patienten mit Schlafstörungen gebeten wurde aufzuschreiben, wie lange sie durchschnittlich brauchten, bis sie einschlafen konnten, und zwar 30 Tage, bevor sie TM erlernten und 30, 60 und 90 Tage danach. Die durchschnittliche Zeitspanne fiel von 75,6 Minuten auf 15 Minuten und blieb dann stabil (p < 0,001). Eine nachfolgende Studie zeigte, dass die Zeit, die benötigt wurde, um einzuschlafen, auch nach einem Jahr stabil bei etwa 15 Minuten blieb.

Referenz:
Japanese Journal of Public Health 37, 1990, 10 Suppl., 729

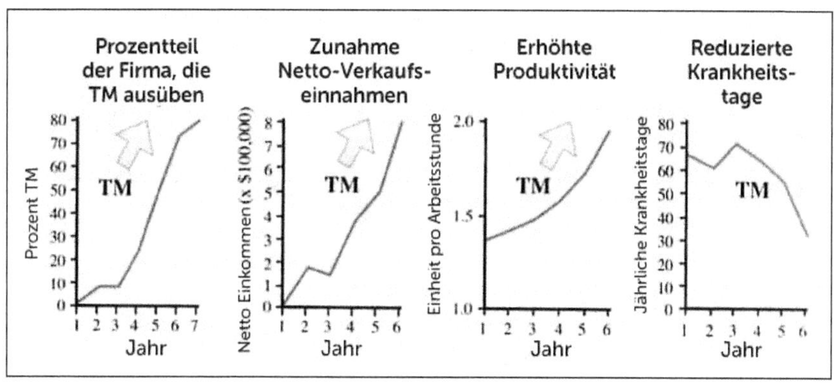

Die folgende Beobachtung ist ein interessantes Beispiel dafür, was geschehen kann, wenn die Transzendentale Meditation in einer Firma eingeführt wird. Die untersuchte Firma ist eine mittelständische Fabrik der Chemiebranche in den USA. Die Grafik zeigt, wie mit zunehmender Anzahl von Mitarbeitern, die die TM-Technik ausüben, die Produktivität zunimmt und die Fehlzeiten abnehmen. Obwohl dies eine Beobachtungsstudie ist, war es fast allen in der Firma klar, dass diese Ergebnisse durch die Technik der Transzendentalen Meditation hervorgerufen wurden.

Referenz:
Gerald Swanson and Robert Oates, *Enlightened Management: Building High-performance People*, 1989.

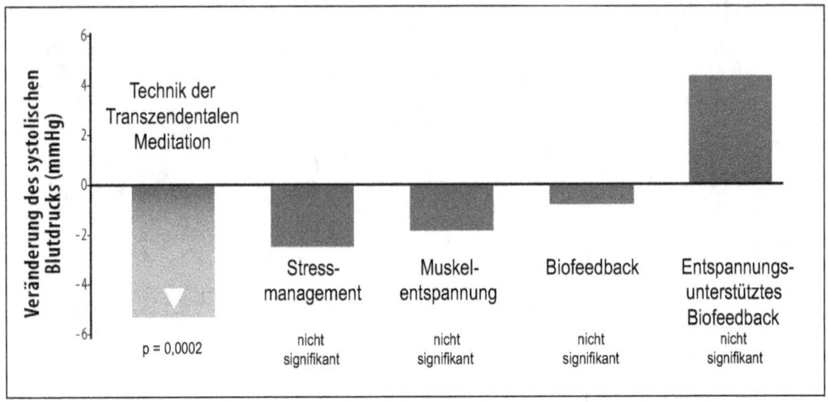

In diese Meta-Analyse wurden alle veröffentlichten Studien zum Thema Stressreduzierung und Blutdruck durch nichtmedikamentöse Methoden bei Hypertonikern aufgenommen. Voraussetzung war, dass die Untersuchungen mit Zufallsverteilung der Teilnehmer entweder in die Kontrollgruppe oder die Gruppe mit dem untersuchten Verfahren passten. Nur für die Technik der Transzendentalen Meditation ließ sich eine statistisch signifikante Blutdrucksenkung bei Hochdruckpatienten nachweisen. Eine davon unabhängig durchgeführte zweite Meta-Analyse bestätigte die signifikante Wirkung des Programms der Transzendentalen Meditation auf die Senkung des systolischen wie des diastolischen Blutdrucks.

Referenzen:
1. *Current Hypertension Reports* 9, 2007, S. 520–528.
2. *American Journal of Hypertension* 21, 2008, S. 310–316.

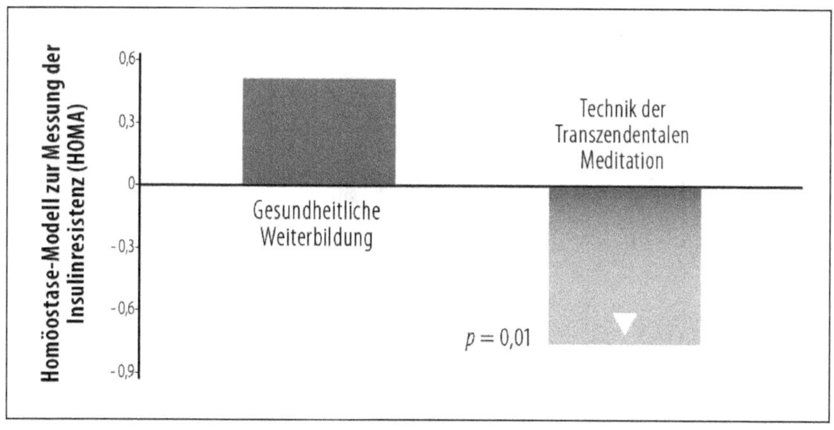

Diese randomisierte kontrollierte Studie ergab, dass sich bereits durch viermonatiges Ausüben der Transzendentalen Meditation die Ansprechbarkeit der Körperzellen auf Insulin (Insulinresistenz) bei Herzpatienten signifikant senken lässt – nicht jedoch durch gesundheitliche Weiterbildung. Die Insulinresistenz ist eine Komponente des Metabolischen Syndroms, das oft mit Übergewicht, Bluthochdruck und erhöhten Blutfettwerten verbunden ist: ein Risikofaktor für Herzkreislauf-Erkrankungen und -Sterblichkeit. Die Insulinresistenz kann auch zur Diabeteserkrankung führen.

Referenz:
Archives of Internal Medicine 166, 2006, S. 1218–1224.

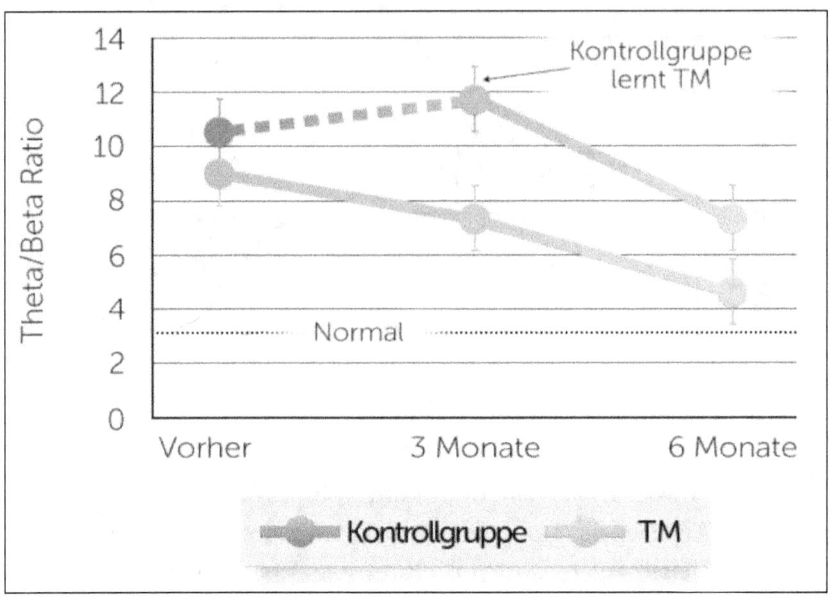

Kinder zwischen 11 und 14 Jahren, die an ausgeprägten ADHS-Symptomen litten, wurden nach dem Zufallsprinzip in zwei Gruppen geteilt. Die eine Gruppe erlernte TM sofort, die zweite Gruppe musste 3 Monate warten, ehe sie die Technik erlernte. Die TM-Gruppe zeigte einen sig-nifikanten Rückgang der Symptome schon nach 3 Monaten, während in der Kontrollgruppe keine Besserung auftrat. Nachdem auch die Kontrollgruppe TM erlernt hatte, gab es nach 3 Monaten ähnliche Verbesserungen, während die erste Gruppe weitere Fortschritte machte. Das Verhältnis von Theta- zu Beta-Gehirnwellen im EEG ist bei den ADHS-Patienten unverhältnismäßig hoch, aber nach 6 Monaten TM-Praxis fast wieder normal.

Referenz:
Mind & Brain, The Journal of Psychiatry 2011, Vol. 2, No 1

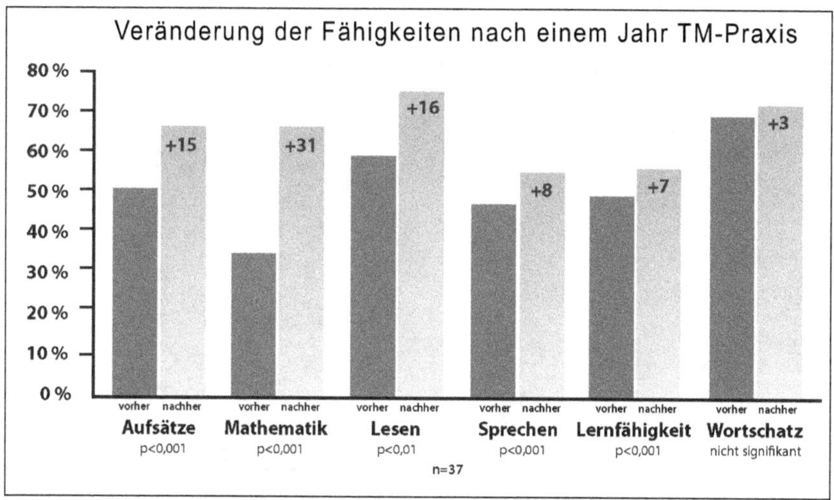

Grundschüler zeigten nach einjähriger Ausübung der Transzendentalen Meditation im Rahmen des Unterrichts gemäß dem in den USA standardisierten Iowa-Begabungstest eine hochsignifikante Zunahme ihrer schulischen Leistungen bei Aufsätzen, Lesen, Sprechen, Mathematik und Lernfähigkcit.

Referenzen:

1. *Education* 107, 1986, S. 49–54.
2. *Modern Science and Vedic Science* I, 1987, S. 433–468.
3. *Education* 109, 1989, S. 302–304.

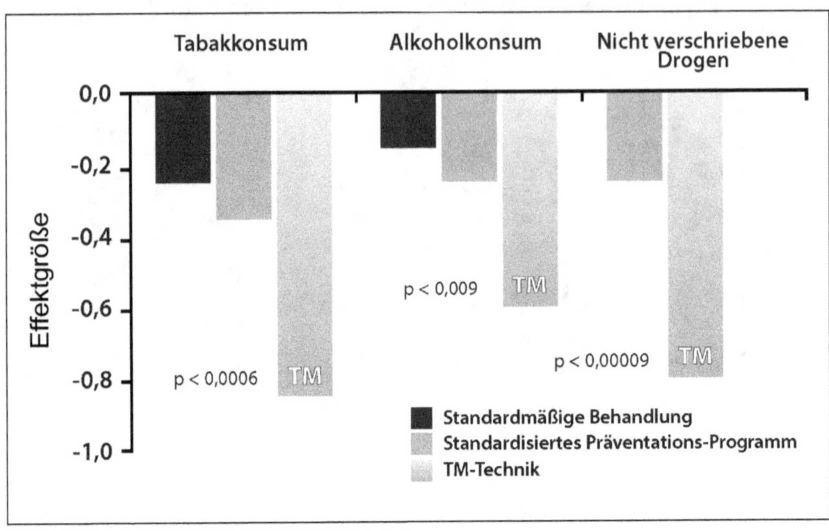

Eine Meta-Analyse von 198 unabhängigen Studien ergab, dass Transzendentale Meditation den Genuss von Alkohol, Nikotin und nicht verschriebenen Drogen deutlich stärker reduziert als übliche Behandlungs- und Vorbeugungsmaßnahmen. Während die Erfolge konventioneller Methoden meist innerhalb von drei Monaten wieder nachlassen, nehmen die Erfolge des Programms der Transzendentalen Meditation mit der Zeit immer weiter zu. Während eines 18–22 Monate dauernden Zeitraums führt die Ausübung bei 51–89 % zu totaler Abstinenz von Tabak, Alkohol und nicht verschriebenen Drogen.

Referenzen:

1. *International Journal of the Addictions* 26,1991, S. 293–325.
2. *Alcoholism Treatment Quarterly* 11,1994, S. 13–87.
3. *Self-Recovery: Treating Addictions Using Transcendental Meditation and Maharishi Ayur-Veda.* The Howarth Press, New York, 1994.

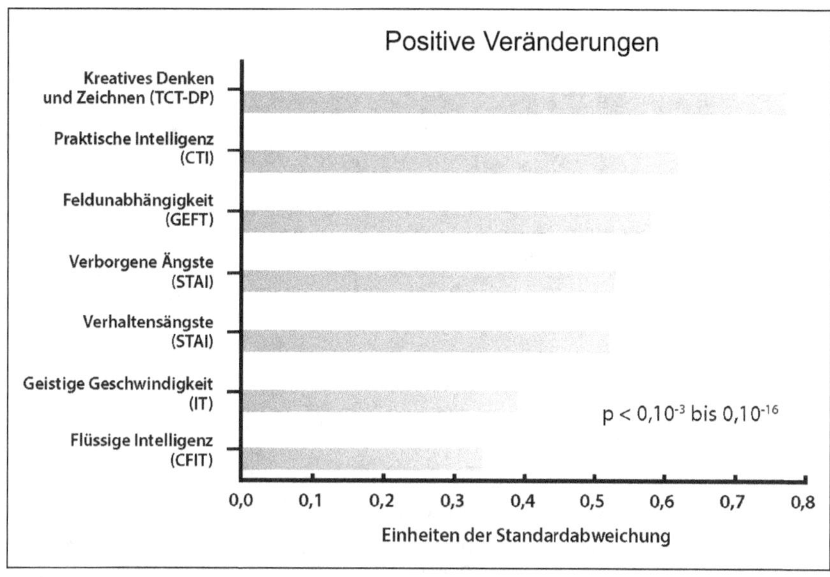

Die Fähigkeiten von 362 Schülern/Studenten aus Taiwan wurden in einer Doppelblindstudie mit sieben kulturunabhängigen Intelligenztests gemessen. Diejenigen von ihnen, die die Transzendentale Meditation erlernt hatten, verbesserten ihre Fähigkeiten innerhalb von 6 Monaten in allen 7 Tests signifikant. Im Gegensatz dazu besserte die Ausübung einer traditionellen chinesischen Meditation im gleichen Zeitraum nur zwei Variablen (IT und GEFT). Schüler/Studenten der Kontrollgruppen, die entweder ein Nickerchen hielten oder keine Übungssitzungen durchführten, zeigten überhaupt keine Veränderungen.

Referenz:
Kam-Tim So, David W. Orme-Johnson: *Three randomized experiments on the longitudinal effects of the Transcendental Meditation technique on cognition, Intelligence 29, 2001, S. 419–440.*

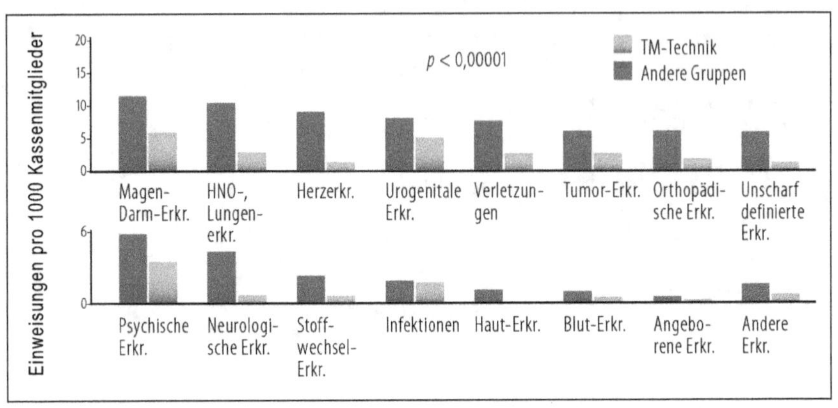

Im Vergleich zur Bevölkerungsnorm ergab diese fünfjährige Studie, dass Personen, die die Technik der Transzendentalen Meditation praktizierten (N = 1468), 56 % weniger Krankenhausbehandlungen in Anspruch nahmen. Die Krankenhauseinweisungen gingen z. B. bei Herz- und Gefäßerkrankungen um 87 % zurück, bei Tumoren um 55 %, bei HNO- und Lungen-Erkrankungen um 73 %, bei Verletzungen um 63 %, bei neurologischen Erkrankungen einschließlich der Alzheimer-Erkrankung um 87 % und bei metabolischen Erkrankungen einschließlich Diabetes um 65,4 %.

Referenz:
Psychosomatic Medicine 49, 1987, S. 493–507.

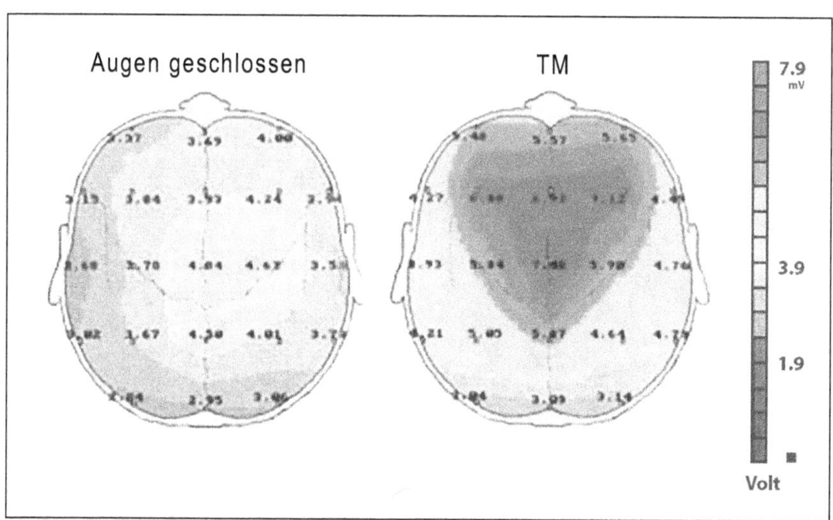

Mit Hilfe eines Brainmapping-Verfahrens wird hier die Aktivität in verschiedenen Bereichen des Gehirns visuell dargestellt. Deutlich zu sehen ist die Zunahme von Aktivität im Frontalbereich während der Ausübung der Transzendentalen Meditation. Die subjektive Erfahrung während der Messung war ein deutlicher Zustand ruhevoller Wachheit.

Referenzen:
1. Russian-Swedish Symposium »*New Research in Neurobiology*«, Moscow, Russia, May 19–21, 1992.
2. Proceedings of the International Symposium »*Physiological and Biochemical Basis of Brain Activity*«, St. Petersburg, Russia, June 22–24, 1994.

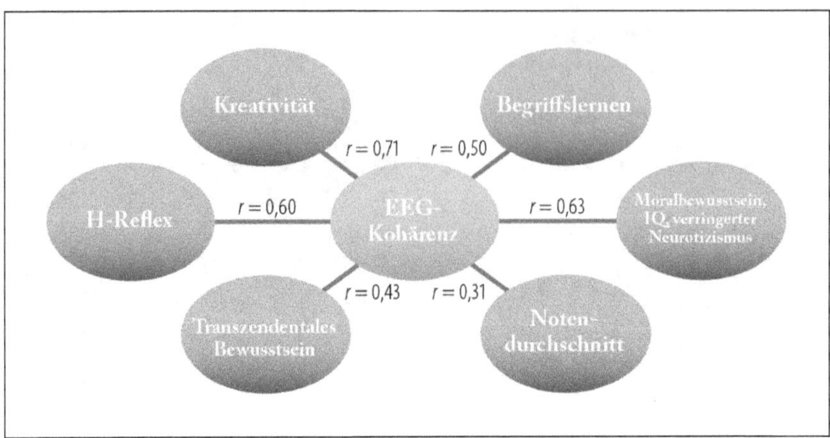

Höhere Werte von EEG-Kohärenz (Gleichklang von Gehirnwellen), wie sie während der Ausübung der Transzendentalen Meditation typischerweise gemessen werden, korrelieren signifikant mit verstärktem Fließen der sprachlichen Kreativität, einer höheren Wirksamkeit beim Erlernen neuer Konzepte, mit höherem Moralbewusstsein, einem höheren sprachlichen IQ sowie verringertem Neurotizismus, besseren akademischen Leistungen, klareren Erfahrungen Transzendentalen Bewusstseins (Stille ohne Gedanken) und höherem neurologischem Wirkungsgrad, gemessen an der schnelleren Erholung des Hoffmann-Eigenreflexes.

Referenzen:
Schaubild aus Daten folgender vier Studien:
1. *International Journal of Neuroscience* 13,1981, S. 211–217.
2. *International Journal of Neuroscience* 15, 1981, S. 151–157.
3. *Scientific Research on Maharishi's Transcendental Meditation and TM-Sidhi Program: Collected Papers*, Vol. 1, 1977, S. 208–212.
4. dito, Vol. 4, 1989, S. 2245–2266.

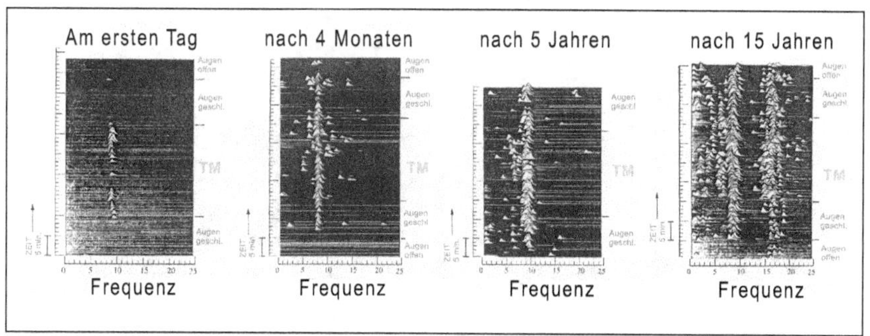

EEG-Ableitungen von Personen mit unterschiedlich langer Meditationspraxis zeigen, wie die Kohärenz der Gehirnwellen durch regelmäßige TM-Praxis zunimmt. Als Kohärenz definieren Forscher die 95%ige Übereinstimmung zwischen den Phasen des EEGs einer bestimmten Frequenz, die an zwei verschiedenen Stellen der Kopfhaut abgeleitet werden, über mindestens 10 Sekunden.

In Ruhephasen von Nichtmeditierenden treten beim Wachen oder Schlafen keine Kohärenzen auf. Bei TM-Anfängern zeigen sich sofort Alpha-Wellen (10 Hz), mit zunehmender Praxis Theta-Wellen (6 Hz) und schließlich Kohärenzen in allen Frequenzbereichen. Bald zeigen sich diese Kohärenzen auch vor und nach der TM mit geschlossenen Augen, ein Zeichen dafür, dass der geordnete Zustand des Gehirns auch außerhalb der Meditation in der Tagesaktivität erhalten bleibt.

Referenzen:

1. *EEG Coherence during the Transcendental Meditation Technique*, Collected Papers, Vol. 1, 1975, S. 187–207.
2. dito, Vol. 1, 1977, S. 705–712

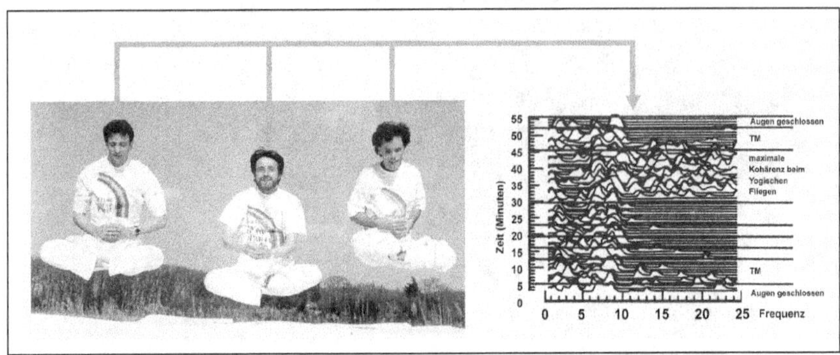

Verglichen wurde die Stärke und Kohärenz der Gehirnwellen im vorderen, mittleren und seitlichen Bereich von 10 Yogischen Fliegern und von Kontrollpersonen, die aus dem Sitz ähnliche Hüpfbewegungen machten wie beim Yogischen Fliegen. Bei den Yogischen Fliegern trat eine beeindruckende Gehirnwellenkohärenz über alle Frequenzbereiche auf, und zwar kurz bevor der Körper vom Boden abhob, was eine starke Integration von Geist und Körper anzeigt. Ein ähnliches EEG-Muster wird während der Erfahrung reinen Bewusstseins in der TM-Praxis gemessen, was darauf hindeutet, dass die Erfahrung reinen Bewusstseins die Grundlage für die erfolgreiche Ausübung der TM-Fortgeschrittenen-Techniken (Sidhis) ist. In der Kontrollgruppe waren keine signifikanten Unterschiede der EEG-Muster zu beobachten.

Referenzen:
1. *International Journal of Neuroscience* 38, 1988, S. 427–434.
2. *International Journal of Neuroscience* 54, 1990, S. 1–12.

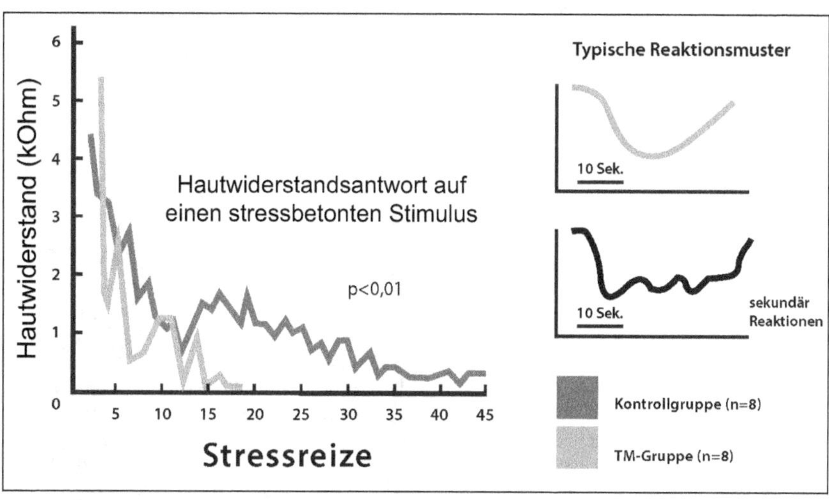

Personen, die die Technik der Transzendentalen Meditation ausüben, sind auch in Stresssituation deutlich entspannter als nichtmeditierende Kontrollpersonen. Diese Untersuchung zeigte, dass sie sich signifikant schneller an die Wiederholung eines lauten Tons gewöhnten als nichtmeditierende Vergleichspersonen, gemessen an der Reaktion des Hautwiderstands. Gleichzeitig zeigten sie ein stabileres Reaktionsmuster auf einen einzelnen Stressreiz als Kontrollpersonen.

Referenz:
Psychosomatic Medicine, Vol. 35, 1973, S. 341–349.

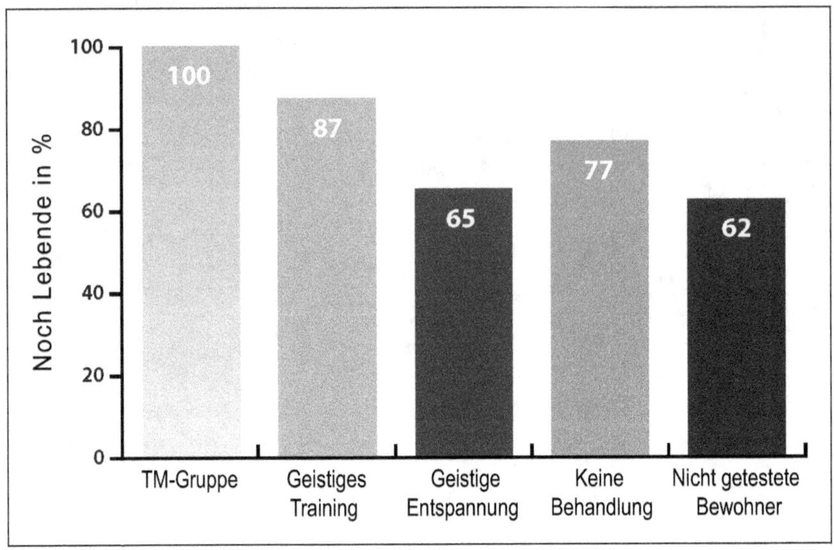

73 Bewohner acht verschiedener Senioreneinrichtungen mit einem Durchschnittsalter von 81 Jahren führten drei Jahre lang verschiedene Programme durch. Die TM besserte die geistige und gesundheitliche Verfassung sowie einige Persönlichkeitsvariablen signifikant mehr als die anderen Trainingsmaßnahmen. Außerdem schätzten sie die Teilnehmern als die wirksamste und angenehmste Methode von allen ein ($p < 0{,}00001$). Nach 36 Monaten lebten noch alle Personen der TM-Gruppe, während von den 478 Heimbewohnern der Kontrollgruppe nur noch 62 % am Leben waren ($p < 0{,}00001$).

Referenz:

Journal of Personality and Social Psychology, Vol. 57, 1989, S. 950–964.

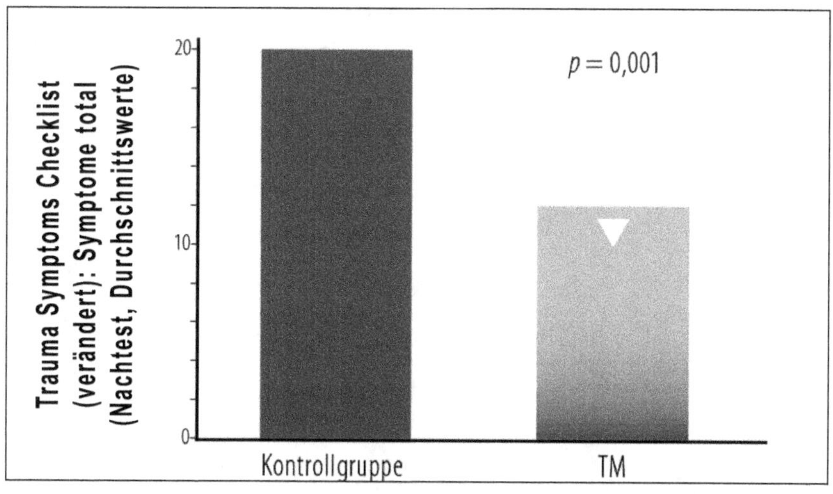

Eine Studie in zwei Gefängnissen in Oregon bestätigt, dass Transzendentale Meditation Belastungen durch traumatische Erfahrungen bei Strafgefangenen wirksam reduziert. Untersucht wurden 181 Insassen, von denen 90 per Zufallsauswahl Transzendentale Meditation lernten. Im Vergleich zur Kontrollgruppe verringerten sich Symptome wie Angst, Depression, Wahrnehmungs- und Schlafstörungen um rund 45 % innerhalb von vier Monaten. Bei starker Traumasymptomatik reduzierten sich die Symptome sogar um durchschnittlich 56 %. Laut einer anderen US-Studie sind Strafgefangene die am stärksten traumatisierte Bevölkerungsgruppe überhaupt. 85 % sind selbst Kriminalitätsopfer: viermal häufiger als der Bevölkerungsdurchschnitt. Strafgefangene, die unter Traumasymptomen leiden, sind viel häufiger rückfällig und zeigen vermehrt Störungen im Sozialverhalten.

Referenz:
The Permanente Journal 20 (4) 2016, S. 43–47.

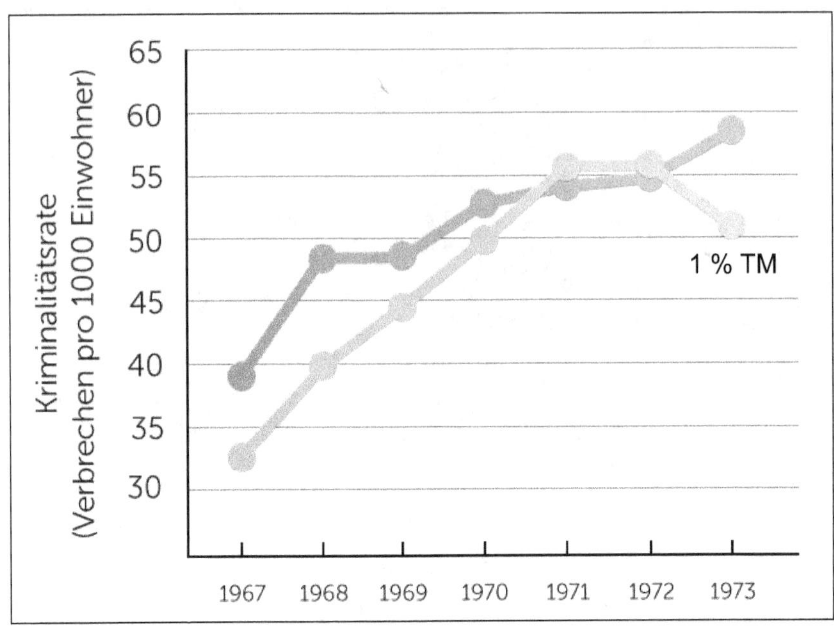

Im Jahr 1972 gab es eine Reihe von Städten in den USA, in denen 1 % der Bevölkerung Transzendentale Meditation erlernt hatte. Für 11 solcher Städte wurden benachbarte Städte mit vergleichbaren demographischen Variablen (geographische Lage, Einwohner- und Studentenzahl) als Kontrollstädte ausgewählt. Dann wurden die Kriminalstatistiken des FBI angefordert und verglichen. Die Statistiken zeigen, dass in den 1-%-Städten (hellgraue Linie) eine signifikante Abnahme von Straftaten seit 1972 auftrat, sowohl im Vergleich zu früheren Trends in der gleichen Stadt als auch im Vergleich zu den Kontrollstädten (dunkle Linie). Es gab eine Abnahme an Verbrechen um 16,5 % (p < 0,001). Im Vergleich zur Gesamtkriminalität in den USA betrug der Rückgang sogar 18 %.

Referenz:
Scientific Research on Maharishi's Transcendental Meditation,
Vol. 1, 98, 1977, S. 639–648

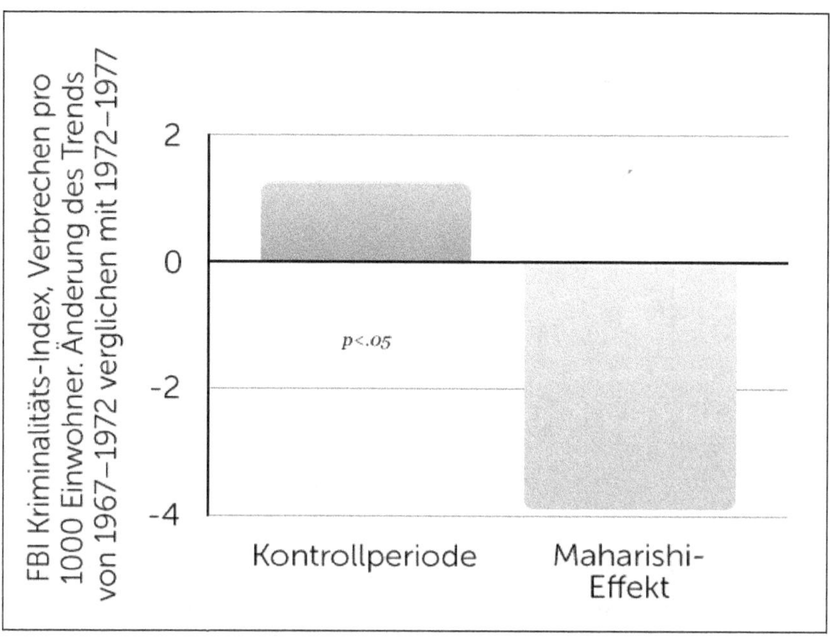

Diese Studie ist eine Erweiterung der Studie in 11 Städten. Sie untersuchte insgesamt 24 US-Städte mit über 10.000 Einwohnern, in denen 1972 1 % der Bürger die TM erlernt hatte. Die Forscher verglichen sie mit 24 Kontrollstädten gleicher Größe, geografischer Lage, vergleichbarer Studentenbevölkerung, mittlerer Ausbildungsdauer der Bürger, Pro-Kopf-Einkommen sowie dem Anteil der Bevölkerung an 15–29-Jährigen und der vorherigen Kriminalitätsrate. Im Fünfjahres-Zeitraum von 1972-1977 zeigten die 1%-Städte sowohl eine Reduktion der Kriminalität verglichen mit sich selbst im vorangehenden Fünfjahres-Zeitraum von 1967-1972, als auch im Vergleich mit den Kontrollstädten.

Referenz:
Journal of Crime and Justice, Vol. 4, 1981, S. 25–45

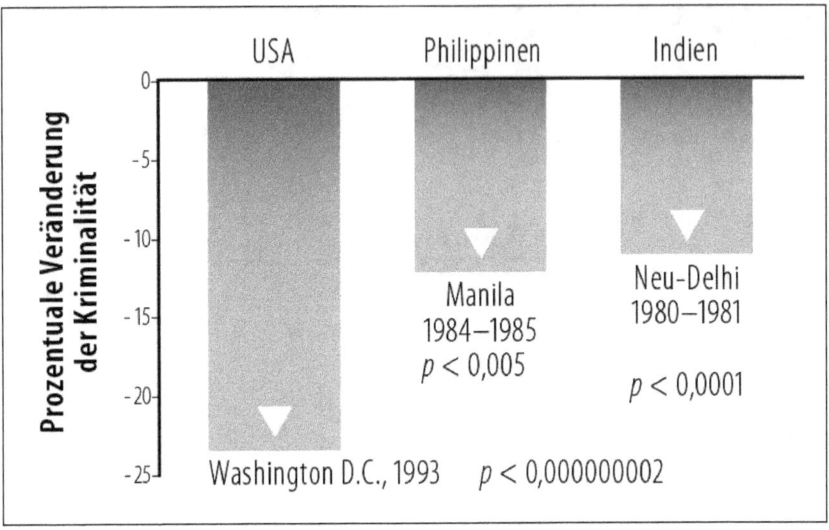

In Washington, D. C. untersuchte man im Juni und Juli 1993 die tägliche Zahl der Gewaltverbrechen und in Metro Manila, Philippinen, von Mitte August 1984 bis Ende Januar 1985 die wöchentliche Kriminalitätsrate. Im Unionsgebiet von Neu-Delhi wurde von November 1980 bis März 1981 die tägliche Kriminalität (im Sinne des indischen Strafgesetzbuchs) untersucht. Erreichte die TM-Gruppengröße die Quadratwurzel aus einem Prozent der Bevölkerungszahl, sank in allen drei Fällen die Kriminalität. Die Gruppe in Washington DC war bedeutend größer als die beiden anderen Gruppen. Eine Zeitreihenanalyse bestätigt, dass der Rückgang der Kriminalität weder auf Zyklen im kriminellen Verhalten noch auf Wetter oder polizeiliche Verfahren zurückzuführen war.

Referenzen:
1. *Social Indicators Research* 47,1999, S. 153–201.
2. *The Journal of Mind and Behavior* 8, 1987, S. 67–104.

Schlussfolgerung

Diese Zusammenfassungen der weltweiten Forschung über das Programm der Transzendentalen Meditation kennzeichnen eine bedeutsame neue Stufe des Fortschritts im wissenschaftlichen Verständnis von der Entwicklung des Bewusstseins. Sie geben die wesentlichen Untersuchungsergebnisse wieder, die zeigen, dass das Ausüben des TM-Programms und der TM-Sidhi-Techniken rasche, tiefgreifende und lebensfördernde Veränderungen in nahezu jedem Bereich menschlichen Lebens hervorruft.

Die bisherigen Untersuchungen über die Wirkungen des Programms der Transzendentalen Meditation konnten physiologisch erklärt werden als ein Ansprechen körpereigener Mechanismen, die bewusst erfahrbare, tiefe körperliche Entspannung und Ruhe hervorrufen als Gegenmittel für tägliche Stressbelastung.

Das TM-Programm und die TM-Sidhi-Techniken gemeinsam erweitern diese wissenschaftliche Vorstellung ganz bedeutend, indem sie messbare Phänomene hervorbringen, für die das bisherige wissenschaftliche Verständnis nicht ausreicht, um die erstaunlichen Ergebnisse und weitreichenden Wirkungen für das tägliche Leben jedes Menschen heute befriedigend zu erklären.

Bedeutende wissenschaftliche Erkenntnisse über die Wirkungen des TM-Programms und der TM-Sidhi-Techniken liegen bereits vor. Sie sind veröffentlicht in: „Scientific Research on the Transcendental Meditation Program; Collected Papers", Band 1-6, ed. David W. Orme-Johnson und John T. Farrow, Bundesrepublik Deutschland; MERU Press 1976, 812 Seiten

Zusammenfassend lässt sich sagen, dass das Programm der Transzendentalen Meditation und insbesondere die TM-Sidhi-Techniken die Basis menschlichen Wachstums und menschlicher

Evolution anregen und beleben, und zwar von dem Bereich aus, der zutiefst in der Natur jedes Menschen liegt, seinem Bewusstsein. Das durch diese Programme gewonnene neue Verständnis von der Evolution des Bewusstseins führt zu einer fortgeschrittenen Stufe wissenschaftlichen Verständnisses über den Menschen und sein volles Potenzial.

Zum ersten Mal in der Geschichte konnte der Zustand der Erleuchtung (stabilisiertes reines Bewusstsein) in der Forschung an der Maharishi European Research University als wissenschaftlich erfassbare Realität mit charakteristischen physiologischen und psychologischen Parametern definiert werden.

Gleichzeitig zeigen Kurse der Maharishi European Research University, dass der Zustand der Erleuchtung jetzt systematisch von jedermann entwickelt werden kann – sicherlich erstmalig in der menschlichen Geschichte. Somit liefern die physiologischen, psychologischen und soziologischen Forschungen über das Programm der Transzendentalen Meditation und über die TM-Sidhi-Techniken die wissenschaftliche Grundlage für den Fortbestand des Zeitalters der Erleuchtung.

Quellenverzeichnis

1. W. Y. Evans-Wentz, Das Tibetische Buch der großen Befreiung, München, 1955
2. Maharishi Mahesh Yogi in „Verwirklichung der Idealen Gesellschaft", MERU-Press, Rheinweiler, 1977, S. 78
3. Der Buddha, aus dem Dhammapada VV.110-15, zit. Evans-Wentz, ebd.
4. Moewig Reisebuch „Süditalien", S. 138
5. Herbert Thurston, Die körperlichen Begleiterscheinungen der Mystik, Luzern, 1956, S. 29
6. Jacques Thyraud, Der fliegende Mensch, Bern, 1978, S. 165
7. Jacques Thyraud, ebd., S. 166
8. Jacques Thyraud, ebd., S. 159-174
9. Blaise Cendrars, Le Lotissement du Ciel, Paris, 1949, S. 367
10. Herbert Thurston, ebd., S. 25 f.
11. Herbert Thurston, ebd., S. 27
12. Bischof Samaniego in seinem Bericht über die Heilige, zit. bei Herbert Thurston, ebd., S. 48
13. Blaise Cendrars, ebd., S. 466
14. Joseph v. Görres, Hinter der Welt ist Magie, Dresden, 1931, S. 143 ff.
15. Joseph v. Görres, ebd., S. 148 f.
16. Alexandra David-Néel, Heilige und Hexer, Leipzig, 1931, S. 6
17. John Blofeld, Der Weg zur Macht, Weilheim, 1970, S. 16
18. Herbert Thurston, ebd., S. 19 f.
19. zit. Herbert Thurston, ebd., S. 46 ff.
20. Jacques Thyraud, ebd., S. 159-174
21. Jacques Thyraud, ebd., S. 174
22. Pierre de la Thiel im Figaro, 21. Juli 1969, in einem

Kommentar zur 1. Mondlandung im Rahmen des Raumflugs Apollo 11

23. Jacques Thyraud, ebd., S. 159-174

24. Jacques Thyraud, ebd., S. 172

25. Gaston Mery, Le probleme de l'aviation resolu par les sciences psychiques, 1910, zit. Jacques Thyraud, ebd., S. 172

26. MERU-Journal Nr. 29, 1979

27. zit. Jacques Thyraud, ebd., S. 170

28. Jacques Thyraud, ebd., S. 170

29. Jacques Thyraud, ebd., S. 171

30. Siddhis in Yoga Philosophy, presented by Vidvat-Shikamani M. V. Mahashabde, 3rd World Sanskrit Conference, Paris, 20-25th June, 1977

31. ibid.

32. MERU-Journal, Nr. 27, 1977, S. 89

33. Upanishaden, zit. Mahashabde, Siddhis in Yoga Philosophy, ebd.

34. Siva-Samhita, Neu-Delhi, 1975, III, 41 und V, 64

35. John Blofeld, Der Weg zur Macht, Weilheim, 1970, S. 234

36. Alexandra David-Néel, Heilige und Hexer, ebd., S. 204

37. Clements, MERU-Journal, Nr. 27. 1977, S. 91

38. R. A. White/M. Murphy, „PSI im Sport", München, 1983, S. 40-42

39. Verwirklichung der Idealen Gesellschaft, Rheinweiler, 1977, S. 30 ff.

40. ibid., S. 34

41. R. A. White/M. Murphy, ebd., S. 41

42. R. A. White/M. Murphy, ebd., S. 41

43. Alexandra David-Néel, Heilige und Hexer, ebd., S. 200

44. ibid., S. 205 f.

45. ibid., S. 211

46. Lama Anagarika Govinda, Der Weg der weißen Wolken, München, 1973, S. 130

47. Dante, Divina Comedia, Purgatorio

48. Paramahansa Yogananda, Autobiographie eines Yogi, Otto Wilhelm Barth Verlag, München, 1977, S. 72 f.

49. Verwirklichung der Idealen Gesellschaft, ebd., S. 30

50. Maharishi Mahesh Yogi, Vollkommene Gesundheit, MERU-Journal Nr. 27, 1978

51. zit. bei W. Y. Evans-Wentz, Das Tibetische Buch der großen Befreiung, ebd., S. 97

52. Maharishi Mahesh Yogi, MERU-Journal Nr. 27, 1978, S. 5

53. Mitteilungsblätter der Deutschen MERU-Gesellschaft, 4, 81, S. 6-9

54. ibid.

55. George Leonard, Der Rhythmus des Kosmos, Bern und München, 1980, S. 27

56. zit. George Leonard, ebd., S. 32

57. George Leonard, ebd. S. 107 f. und S. 115

58. Weltregierung Aktuell, Nr. 3, 1978, S. 16 ff.

59. W. Beinvogel, Mitteilungsblätter der Deutschen MERU-Gesellschaft, 3, 80, S. 30-33

60. Trendwende Nr. 8, 1983

61. A. und E. Aron, Collective Consciousness, vorgelegt zum Jahrestreffen der American Psychological Association, Washington D. C., 1982

62. R. M. Rilke, Briefe aus Musot, Leipzig, 1937, S. 291

63. Maharishi Mahesh Yogi, in „Zeitalter der Erleuchtung", Festausgabe zum Besuch Maharishis in Deutschland, MERU-Press, Rheinweiler, 1975

64. A. Portmann, An den Grenzen des Wissens, Frankfurt, 1976, S. 136

65. C. G. Jung, Der Mensch und seine Symbole, Olten und Freiburg, 1984, S. 7

66. zit. J. Thyraud, ebd., S. 181

67. Werner Heisenberg, Gifford lectures 1955/56, zit. in Harald Erik Tichy, Die Kunst präsent zu sein, Münster, 2018, S. 6

68. Edgar Mitchell, Autor von: We Are One: The Power of the

Conscious Mind and Our Interconnection to All Things; und: From Outer Space to Inner Space – An Apollo Astronaut's Journey Through the Material and Mystical Worlds

69. MERU-Journal Nr. 27, 1978

70. MERU-Journal Nr. 29, 1979, S. 29

71. Bob Toben, Space, Time and Beyond, New York, 1975, S. 28

72. Pardon, Sonderdruck, 1978, S. 11

73. Aurelio Peccei, Die Qualität des Menschen, Stuttgart, 1977

74. ibid. S. 12 f.

75. M. Luther King, zit. Krishna Iyer, Die Schule des Bewusstseins in der Jurisprudenz, MERU-Press, Rheinweiler, 1978

76. Albert Grünwedel, Die Legende des Na-ro-pa, Leipzig, 1933, S. 95

77. zit. George Leonard, ebd., S. 215

78. zit. Pardon Sonderdruck, 1978

79. ibid.

80. Maharishi Mahesh Yogi in Weltregierung Aktuell, Nr. 2, MERU-Press, Rheinweiler, 1978

81. Brihadaranyaka-Upanishad, Vers 1.3.28

82. Matthäus-Evangelium, 14, 22-26

83. Lukas-Evangelium, 24, 51

84. Blaise Cendrars über Joseph von Copertino, ebd., S. 353

85. Domenico Bernino, Acta Sanctorum, Bd. V, S. 1021, zit. Blaise Cendrars, ebd., S. 353

86. Aussagen eines der Hirten von La Grotella im Prozess der Heiligsprechung Josephs von Copertino, in Acta Sanctorum, S. 57 zit. Cendrars, ebd., S. 354

87. Acta Sanctorum, S. 1021, zit. Blaise Cendrars, ebd.

87a. Bild aus Wikipedia: Josef von Copertino

88. Domenico Bernino, Vie de Saint Joseph de Copertino, de l'ordre des freres mineurs, Paris, Poussielgue, 1856 (übersetzt aus Vita del ven, Padre F. Giuseppe de Copertino dei Minori Conventuali, decritta da D. B. … etc. Roma, 1722)

89. Prosper Lambertini, der spätere Papst Benedikt XIV., in

seiner Aussage im Zuge des Heiligsprechungsprozesses von Joseph von Copertino. „Als der Fall vor die Ritenkongregation kam, war er Promotor Fidei (ein Amt, bekannter unter dem Namen advocatus diaboli). Seine Kritik an den unterbreiteten Beweismaterialien soll von durchdringender Schärfe gewesen sein. […] Ebenso sicher ist, […] dass die Augenzeugen ihre Aussagen 1665/66 unter Eid in Osimo, Assisi und an anderen Orten machten, das heißt nur zwei Jahre nach dem Tod des Heiligen." Herbert Thurston, ebd., S. 34 ff

90. zit. Cendrars, ebd., S. 400 f.

91. zit. Cendrars, ebd., S. 401

92. Joseph v. Görres, ebd., S. 143 ff.

93. Joseph v. Görres, ebd., S. 144

94. Joseph v. Görtes, ebd., S. 147

95. Josenh v. Görres, ebd., S. 148

96. Joseph v. Görres, ebd., S. 148 f.

97. Antonius Montefuscoli, Kleriker, 65 Jahre alt, im Apostolischen Prozess von Nardi (eröffnet 1689), zit. Wilhelm Schamoni, Wunder sind Tatsachen – eine Dokumentation aus Heiligsprechungsakten, Würzburg, Stein am Rhein, Linz, 1976, S. 330

98. St. Anna von der Kongregation der Menschwerdung Christi in Segovia anlässlich der Untersuchung zur Heiligsprechung von Teresa von Avila, zit. Herbert Thurston, ebd., S. 28 f.

99. Bischof Yepes, über Teresa von Ávila in Vida, Kap. 15

100. zit. Herbert Thurston, ebd., S. 25 ff.

101. zit. Herbert Thurston, ebd., S. 25 ff.

102. zit. Herbert Thurston, ebd., S. 26 f.

102a. Bild aus Wikipedia: Teresa von Ávila

103. Positio super virtutibus Romae, S. 631 – Aussage im Bischöflichen Prozess von Aversa, zit. Wilhelm Schamoni, Wunder sind Tatsachen, ebd., S. 331

104. P. Anton von der Menschwerdung, Doktor der Theologie, Exdefinitor seines Ordens, 64 Jahre alt, – Aussage im

Bischöflichen Prozess von Aversa in „Positio super virtutibus Romae", 1776, zit. Wilhelm Schamoni, Wunder sind Tatsachen, ebd., S. 332

105. Joseph v. Görres, ebd., S. 138 ff.

106. Joseph v. Görres, ebd., S. 138 ff.

107. Herbert Thurston, ebd., S. 36

108. Herbert Thurston, ebd., S. 20

109. zit. Herbert Thurston, ebd., S. 48 f.

110. Ferdinand Zahlner, Paraphänomene und christlicher Glaube, Innsbruck, 1982, S. 26 f.

111. H. Thurston, ebd., S. 23

112. Blaise Cendrars, ebd., S. 423

113. Herbert Thurston, ebd., S. 23

114. zit. Herbert Thurston, ebd., S. 30

115. Anton Margil, gest. 1726, Franziskanermissionar in Mexico und Guatemala, zit. Herbert Thurston, ebd. S. 38

116. Bischöfliches Untersuchungsverfahren im Zuge der Heiligsprechung von Bernardino Realinio, zit. Herbert Thurston, ebd., S. 40 ff.

117. Herbert Thurston, ebd., S. 45

118. Andre Sonnet, Der Mensch ist voller Geheimnisse, Berlin, 1959

118a. Bild aus Wikipedia: Mirjam von Abellin

119. Amedee Brunot, Licht vom Tabor, Stein am Rhein, 1983, S. 39 f. und S. 84

120. Josef Hanauer, Der stigmatisierte Pater Pio von Pietrelcina, Bad Honnef, 1979, S. 114

121. Zsolt Aradi, Wunder, Visionen und Magie, Salzburg, 1959, S. 250

122. übersetzt aus R. A. Nicholson, Studies in Islamic Mysticism, Cambridge, 1921, S. 67

123. M. Hermanns, Mythen und Mysterien – Magie und Religion der Tibeter, Köln, 1956, S. 228

124. Milaräpa – Tibets großer Yogi auf dem Weg zu Wissen und

Erlösung. Aus dem Tibetischen Original in die französische Sprache übersetzt von Jaques Bacot, Paris. Le poete Tibetain Milarepa, Bossard, Paris, 1925. Aus dem Französischen von Berndt Heisz, Baum Verlag, Konstanz, 1956, S. 129

125. Wilhelm Moufang, Magier, Mächte und Mysterien, Heidelberg, 1954, S. 364

126. M. Eliade, zit. M. Hermann, Mythen und Mysterien – Magie und Religion der Tibeter, Köln, 1056, S. 268 f.

127. vgl. Jamblicus De Mysteriis Aegypt., III, 4

128. vgl. Philostratus, Vita Apol., III, 18

129. Andre Sonnet, Der Mensch ist voller Geheimnisse, Berlin, 1959, S. 141

130. Baird Spalding, Leben und Lehren der Meister im Fernen Osten, München und Engelberg, 1961, S. 46 und S. 355

131. zit. M. Hermanns, Mythen und Mysterien – Magie und Religion der Tibeter, Köln, 1956, S. 305

132. ibid., S. 304 f.

133. Alexandre David-Néel, Unsterblichkeit und Wiedergeburt, Wiesbaden, 1962, S. 25

134. zit. Umesh Varma, „The Enlightenment", MICI, New-Delhi, 1978. S. 30

135. Wilhelm Moufang, Magier, Mächte und Mysterien, Heidelberg, 1954, S. 175 f.

136. Beatrice zu Dante in Divina Comedia, Purgatorio

137. Paul Valery, Etrangete

138. Eva Strittmater, DDR, aus: „Mondschnee liegt auf den Wiesen"

139. Malte Hozzel, Wasserringe, Karlsruhe, 1983

139a: Bild aus Wikipedia: Daniel Dunglas Home

140. A. M. Abell, Gespräche mit berühmten Komponisten, Flensburg, S. 74-77

141. Herbert Thurston, ebd., S. 18

142. Carlos Castaneda, Erzählungen der Macht, Lopau und Spree, 1975, S. 371 f.

143. S. Ostrander/L. Schroeder, PSI – die wissenschaftliche

Erforschung und praktische Nutzung außersinnlicher Kräfte des Geistes und der Seele im Ostblock, Bern, München, Wien, 1980, S. 243 f.

144. Maharishi Mahesh Yogi, Die Wissenschaft vom Sein und die Kunst des Lebens, SIMS Publications, Stuttgart, 1969, S. 27 ff.

145. Maharishi Mahesh Yogi, Auszug aus dem Kurs „Die Wissenschaft der Kreativen Intelligenz", übersetzt aus „Education for Enlightenment, MIU, Fairfield, 1981, S. 14

146. Maharishi Mahesh Yogi in „Verwirklichung der Idealen Gesellschaft", ebd.

147. übersetzt aus „Education for Enlightenment, ebd., S. 19

148. Interview 1985 mit Dr. John Hagelin, Professor für Physik und Leiter der Abteilung für Physik an der Maharishi International University (MIU), Fairfiled, Iowa, USA, sowie Leiter der Abteilung für moderne Wissenschaften und Kurator der Maharishi Vedic University in Washington

148a. Bild aus englischer Wikipedia; John Hagelin

149. Fridjof Capra in „Wendezeit", Scherz-Verlag, Bern, 1983, S. 101

150. zit. „Education for Enlightenment", ebd.

151. Christoph Reusch, Schriftsatz vom 10.10.1985 an Oberlandesgericht Münster, AZ 5 A 1125/84

152. MERU-Journal, Nr. 27, 1978, S. 22

153. Clements et al, MERU-Journal Nr. 29, 1979, S. 93 f.

153a. Bild aus Weltregierung Aktuell 2, MERU Press, Rheinweiler, 1978

154. Clements et al, MERU-Journal Nr. 29, 1979, S. 89

155. Internationale Konferenz über „EEG, Wahrnehmung und Erkenntnis in höheren Bewusstseinszuständen", 1.-3. April 1978, Seelisberg, Schweiz

155a. Bilder aus Weltregierung Aktuell 1, MERU Press, Rheinweiler, 1978

156. Alle Berichte aus „Verwirklichung der Idealen Gesellschaft", ebd.; Mahashabde, Siddhis in Yoga Philosophy, ebd.; Pardon Sonderdruck, 1978

www.ingramcontent.com/pod-product-compliance
Lightning Source LLC
LaVergne TN
LVHW011010200726
843509LV00011B/1036